新訂
自治体法務入門

〔編〕

田中孝男・木佐茂男

九州大学准教授　　北海道大学名誉教授
九州大学名誉教授
弁護士

公人の友社

はしがき

　本書は、1998 年に初版を出版したテキストである木佐茂男編著
『自治体法務入門』（ぎょうせい、最新の第 4 版は 2012 年）の改稿・
新装版である。このたび、構成、内容の見直しなどを経て、公人の
友社から刊行することとなった。

　『自治体法務入門』（前著）は、類書がとぼしかったこともあり、
幸い多くの読者を得、計 3 回の改訂も行った。だが、その初版刊行
後ほぼ 20 年の歳月が過ぎ、この間、自治体法務をめぐる法制度や
地域を取り巻く状況は、地方分権改革などを経て大きく変わってき
ている。書名に「自治体法務」を含む類書もみられるようになった。

　そこで、前著を基本としながら、法令の改廃に伴う内容の更新は
もちろんのこと、自治体法務について若手の職員が体得すべきこと
を再検討し、また、表現をわかりやすくすることにより一層配慮し
つつ、内容の全面見直しを行うこととした。書名も、『新訂 自治体
法務入門』と改めた。

　なお、このテキストの具体的な執筆は田中と木佐の両名によるが、
前著は、多数の研究者、自治体の長（当時）、自治体職員の分担執
筆によって、刊行することができた。また、前著にお名前を明記し
ているが、直接執筆には携わらなかったものの、アンケート調査や
資料提供などでご協力いただいた方々はきわめて多数にのぼる。こ
のテキストは、前著の執筆分担者の方々らの知的資産の成果の上に
できあがっているものであって、われわれ二人だけで完成できたも
のではない。前著の関係者の方々に、改めて深くお礼を申し上げる。

1

はしがき

　前著の企画・執筆・編集の作業は、1995年制定の地方分権推進法に基づく分権に向けた国レベル等における取組と、時期を同じくしていた。その間、われわれは、より良き地方自治像を模索しながら、日本全国の自治体法務の土壌を広く深く耕すための一助となれば、という思いに立って、このテキストをまとめた。それは、編者にとっては、既存の行政法などのテキスト類にみられない新機軸を打ち立てようとする企てでもあった。

　その後、約20年を経たが、果たして今日における地方自治の法的な基礎（理論・実定法制度・組織体制）は、充実したものになったであろうか。地方自治を支える人々（住民、職員ら）の法的な感覚や能力は、その理想的な基礎を担うにふさわしい水準に達しているのだろうか。残念だが、今日でも情けない実態を目の当たりにすることがある。ただ、このテキストは、制度のたてまえに終始するが、地域の豊かさは優れた論理的な力、とりわけ自治体法務の充実によってこそ支えられる、という考え方で前著の初版以降一貫しているし、随所でそのようなメッセージを発しているつもりである。

　われわれは、前著と同様に、このテキストが多くの方々の目に触れることを願っている。それとともに、読者が、自治体法務の重要性と、それを担うことの意義についてくみ取っていただきたいと考える。このテキストに対するご意見やご指摘は、出版社編集部またはわれわれ編者にお寄せいただければ幸いである。

　このテキストの出版をお引き受けいただいた公人の友社の武内英晴社長には、厚くお礼を申し上げる。

2016年7月
田中孝男・木佐茂男

目　次

はしがき………………………………………………………………… 001

序章　このテキストの目的と利用方法

1　このテキストの目的………………………………………………… 016
2　このテキストの構成………………………………………………… 019
3　このテキストの利用方法…………………………………………… 020

第1章　地方自治と自治体法務

1　住民の権利と地方自治……………………………………………… 024
　（1）自治体職員は宣誓する　…………………………………… 024
　（2）地方自治とは　……………………………………………… 025
　（3）自治体や自治体職員は、誰のために仕事をするのか　……… 026
　（4）住民とは　…………………………………………………… 027
　　（ア）法的な意味での「住民」とは　………………………… 027
　　（イ）住民についてもう少し詳しく考える　………………… 028
　（5）地方自治は住民の憲法上の権利　………………………… 029
　（6）自治体は住民の人権・権利の保障のために　…………… 033
　　（ア）住民の基本的人権　……………………………………… 033
　　（イ）住民の権利　……………………………………………… 034
2　自治体のしくみはどうなっているか……………………………… 035
　（1）自治体とは何か　…………………………………………… 035
　　（ア）「自治体」の定義………………………………………… 035
　　（イ）市町村と都道府県　……………………………………… 036
　　　a　市町村……………………………………………………… 036
　　　b　都道府県…………………………………………………… 039
　　（ウ）特別地方公共団体　……………………………………… 039
　（2）団体自治権　………………………………………………… 039
　（3）自治体のしごと＝事務　…………………………………… 042

3

目　次

　　　（ア）自治体のしごとの内容と分類 ……………………… 042
　　　（イ）市町村、都道府県、国の役割分担 ……………… 044
　　　（ウ）自治体の事務の進め方 ………………………… 045
　　（４）自治体の機関 ……………………………………… 047
　　　（ア）議事機関としての議会 ………………………… 047
　　　（イ）執行機関 ………………………………………… 048
　　　（ウ）議会と長の関係 ………………………………… 049
　３　自治体法務とは………………………………………… 049
　　（１）自治体法務とは ……………………………………… 049
　　（２）自治体法務は
　　　　　行政法の抽象的な理論だけをとりあげて学ぶのではない… 051
　　（３）基礎的な法務知識はなぜ重要か ………………… 051
　　（４）自治体の活動の原点には憲法がある ……………… 052
　　（５）審査請求や裁判を忌み嫌わないように ……………… 053

第２章　自治体職員ならこれくらいの法務能力を

　１　法はいつもそばにある………………………………… 056
　　（１）「法」とは何かを探る………………………………… 056
　　　（ア）社会規範としての「法」………………………… 056
　　　（イ）他の社会規範（道徳など）と法の違い ………… 056
　　　（ウ）規範のさまざまな性格 ………………………… 057
　　（２）「法」にはどのようなものがあるか……………… 058
　　　（ア）成文法 …………………………………………… 058
　　　（イ）不文法 …………………………………………… 058
　　　　　a　慣習法………………………………………… 059
　　　　　b　条理………………………………………… 059
　　　　　c　判例………………………………………… 059
　　（３）法治主義としごと ………………………………… 060
　　　（ア）法治主義 ………………………………………… 060
　　　（イ）法律による行政の原理・法の支配 …………… 060
　　　（ウ）自治体職員のしごとと法 ……………………… 061
　２　憲法を頂点とした法の体系…………………………… 062

4

（1）法には体系がある ……………………………………………… 062
（2）憲法 …………………………………………………………… 064
（3）法律と条例・規則 …………………………………………… 064
　（ア）法律 ……………………………………………………… 064
　（イ）自治立法 ………………………………………………… 065
　　a　条例 …………………………………………………… 065
　　b　規則 …………………………………………………… 068
　　c　自治体間の条例の関係 ……………………………… 068
　（ウ）条約 ……………………………………………………… 069
（4）国の行政機関が定める命令―国の行政立法 ……………… 069
　（ア）政令 ……………………………………………………… 070
　（イ）省令・内閣府令・復興庁令 …………………………… 070
（5）法を構成する告示 …………………………………………… 071
（6）自治体運営の基本指針―基本構想・総合計画 …………… 071
（7）法の施行 ……………………………………………………… 072
（8）法ではないもの ……………………………………………… 072
　（ア）国や都道府県からの通達・訓令 ……………………… 072
　（イ）規程 ……………………………………………………… 073
　（ウ）要綱 ……………………………………………………… 074
（9）マニュアル行政 ……………………………………………… 074

3　「法の一般原則」は自治体にも及ぶ ……………………… 075
（1）「法の一般原則」とは何か ………………………………… 075
　（ア）平等原則 ………………………………………………… 076
　（イ）信義誠実の原則 ………………………………………… 076
　（ウ）比例原則 ………………………………………………… 077
　（エ）権利（権限）濫用の禁止の原則 ……………………… 077
（2）行政の「裁量」と法の一般原則 …………………………… 078

4　法令の読み方は ……………………………………………… 079
（1）六法全書と例規集 …………………………………………… 079
（2）重要な法令の分類 …………………………………………… 080
　（ア）一般法と特別法 ………………………………………… 080
　（イ）実体法と手続法 ………………………………………… 081
　（ウ）強行法と任意法 ………………………………………… 081

5

目　次

（3）法令の基本的な構造 ……………………………………………… 081
（4）法令を読むときには関係規定・関係法令にも注意を ……… 083
（5）具体的な法令の読み方 ………………………………………… 084
　（ア）前から順に読む ……………………………………………… 084
　（イ）最後（とくに附則）まで読む …………………………… 084
　（ウ）規定の内容を算式や図式にして読む ………………… 084

5　「事実」をどのようにして確定するのか …………………………… 086
（1）事実認定とは何か、なぜ事実認定が必要か ………………… 086
（2）事実認定にはどのようなことが大切か ………………………… 087

6　法をどう適用するのか………………………………………………… 088
（1）法の「適用」とは何か ………………………………………… 088
（2）「法の検認」で忘れてはならないこと……………………………… 089
（3）法「解釈」で基本的なこと ……………………………………… 090
　（ア）法の解釈の種類 …………………………………………… 090
　（イ）行政実務で注意すること ……………………………… 093
　　a　注釈書や一問一答は絶対の聖典ではない ……………… 093
　　b　法は、その規定だけを杓子定規に解釈するのではない… 094
　　c　法の一般原則を忘れない……………………………………… 094
　　d　法の解釈・適用の過程は文書化する……………………… 094

7　要綱や通達には特殊な性格がある―行政だけを拘束するルール 095
（1）要綱・通達の拘束力 …………………………………………… 095
　（ア）要綱の内容が「法の解釈」によって法になる ………… 095
　（イ）通達の拘束力 ……………………………………………… 096
（2）地方分権時代の通達？行政 ……………………………………… 097
　（ア）自治事務 ……………………………………………………… 097
　（イ）法定受託事務 ……………………………………………… 097
　（ウ）地方分権時代の
　　　　自治事務の基準や処理基準の設定手続のあり方……… 098

第3章　自治体行政の組織はどうなっているか

1　自治体の行政組織のしくみ………………………………………… 100
（1）自治体の執行機関の組織と法律・条例 ………………………… 100

6

（ア）	組織図をみてみよう	……………………	100
（イ）	国の行政組織の編成の考え方	………………	101
（ウ）	自治体の執行機関の組織編成の考え方	………………	108

（2）首長の内部組織 …………………………………… 108

  （ア）首長と職員 ………………………………… 108

  （イ）副知事・副市町村長 ……………………… 109

  （ウ）会計管理者 ………………………………… 109

  （エ）さまざまな種類の補助機関としての職員 ………… 110

（3）行政委員会等の組織 …………………………… 110

  （ア）教育委員会 ………………………………… 111

  （イ）選挙管理委員会 …………………………… 112

  （ウ）人事委員会・公平委員会 ………………… 112

  （エ）監査委員 …………………………………… 112

  （オ）行政委員会等の課題 ……………………… 113

（4）附属機関や附属機関に類似する機関 ………… 114

2　「タテワリ」行政と「総合」行政 ……………… 115

（1）自治体の活動には総合性が必要である ……… 115

  （ア）「タテワリ」行政の意義……………………… 115

  （イ）「タテワリ」行政の弊害……………………… 116

（2）地方分権と自治体の総合行政 ………………… 117

3　自治体行政のパートナー組織……………………… 119

（1）自治体の連合組織 ……………………………… 119

  （ア）多様な自治体同士の協力形態 …………… 119

  （イ）自治体の連合組織とは何か？ …………… 119

  （ウ）自治体の連合組織の形態と活動内容 ………… 120

（2）地域の公共的な活動を担うその他の主体 ………… 121

  （ア）町内会、自治会 …………………………… 121

  （イ）社会福祉協議会 …………………………… 122

  （ウ）第三セクター ……………………………… 123

  （エ）NPO（Nonprofit Organization

                または Not – for – profit Organization）………… 124

  （オ）自治体とこれらの組織とのかかわり方 ……………… 125

4　外部委託化・民営化の進展とその問題……………… 126

目　次

　（1）行財政改革の要請 ……………………………………… 126
　（2）外部委託化・民営化の手法 ………………………… 126
　　（ア）指定確認検査機関 ……………………………… 126
　　（イ）「公の施設」の指定管理者 …………………… 127
　　（ウ）地方独立行政法人 ……………………………… 127
　　（エ）PFI ………………………………………………… 127
　　（オ）公共サービス改革（市場化テスト）など ……… 128
　（3）外部委託化・民営化の問題点 ……………………… 128
　　（ア）人権保障の低下 ………………………………… 129
　　（イ）民主的統制の低下 ……………………………… 129

第4章　自治体の情報は住民の〈財産〉

1　行政情報とは何か …………………………………………… 132
　（1）行政情報の定義 ………………………………………… 132
　（2）行政情報法の重要性 ………………………………… 132
2　住民＝主権者には「行政情報にアクセスする権利」がある …… 135
　（1）知る権利・国民主権と「行政情報にアクセスする権利」…… 135
　　（ア）「知る権利」と「行政情報にアクセスする権利」………… 135
　　（イ）「国民主権の原理」と「行政情報にアクセスする権利」… 136
　（2）「行政情報にアクセスする権利」をどう具体化するのか …… 137
3　行政情報の管理はどうしたらよいか ………………… 138
　（1）行政情報の電子化と処理手順 ……………………… 138
　（2）行政情報管理のための法 …………………………… 139
　（3）文書管理の基礎 ……………………………………… 140
　　（ア）文書の到達と取得 ……………………………… 141
　　（イ）文書の作成 ……………………………………… 142
　　（ウ）文書の処理・活用 ……………………………… 142
　　　a　起案 ………………………………………………… 142
　　　b　送達 ………………………………………………… 144
　　（エ）狭義の文書管理 ………………………………… 145
　（4）電子行政情報の管理のための法 …………………… 146
　（5）電子行政情報の安全性確保 ………………………… 147

8

目　次

4　住民と行政情報を共有する大事なしくみ―情報公開制度………148
（1）行政情報にアクセスする権利を具体化する情報公開制度 …148
（2）情報公開制度の大まかなしくみは ……………………………149
　（ア）情報公開請求 ……………………………………………149
　（イ）行政情報の公開の実施・拒否 ………………………150
　（ウ）審査請求 ………………………………………………151
5　行政情報を公開するというのは……………………………………151
（1）行政情報の「公開」の意味は ………………………………151
（2）どのような方法で情報を公開するのか ……………………153
（3）どのような形で情報を公開するのか ………………………155
（4）どの時点で情報を公開するのか ……………………………156
（5）どのような情報は公開してならないのか …………………156
（6）地域にあった情報公開制度 …………………………………157
（7）特別法による行政情報の公開 ………………………………158
6　個人情報の保護はなぜ必要か……………………………………159
（1）プライバシーの権利 …………………………………………159
（2）自治体における個人情報保護制度 …………………………159
　（ア）個人情報保護条例の制定 ……………………………159
　（イ）個人情報保護条例の大まかな内容 …………………160
　（ウ）情報公開との関係 ……………………………………161
（3）個人情報保護制度において注意しなければならないこと …161
（4）個人情報保護法の成立と個人情報保護条例 ………………162
（5）番号法の施行と個人情報保護 ………………………………163

第5章　住民と対話する行政

1　住民との法的な対話が重要である………………………………168
（1）「法的な対話」とは…………………………………………168
（2）自治体職員の「法的な対話」をする義務 …………………168
（3）住民の「法的な対話」をする義務・責務 …………………169
2　行政手続法の制定と住民参加……………………………………170
（1）行政手続の意義 ………………………………………………170
（2）行政手続法の制定と改正 ……………………………………171

9

目　次

（3）行政手続は住民参加の最大の接点 ……………………… 172
3　計画と評価に基づく行政……………………………………… 173
（1）行政計画 ………………………………………………… 173
（ア）行政計画とは何か、どのようなものがあるのか ……… 173
（イ）行政計画の法的な特色は何か ……………………… 175
（ウ）行政計画を作るときに大切なことは ………………… 176
（2）政策評価 ………………………………………………… 177
（ア）政策評価とは何か、どのようなものがあるのか ……… 177
（イ）なぜ政策評価を行うのか ……………………………… 177
（ウ）どのような観点から政策評価を行うのか …………… 178
（エ）政策評価をするときに大切なことは ………………… 178
4　行政処分や行政指導はどのように行わなければならないか…… 178
（1）窓口でのやりとり ……………………………………… 178
（2）行政処分や行政指導とはどういうものか ……………… 180
（ア）「行政処分」とは何か………………………………… 180
（イ）「行政指導」とは何か………………………………… 180
（ウ）行政処分と行政指導とはどこが違うのか …………… 180
（3）行政手続法や行政手続条例は何を定めているか ………… 182
（4）自治体の機関が行政処分をするときの手続上の義務は … 183
（ア）「申請に対する処分」と「不利益処分」…………… 183
（イ）申請に対する（行政）処分の手続 ………………… 183
　　a　審査基準等の設定・公表……………………… 183
　　b　申請の審査…………………………………… 184
　　c　送達と理由の提示・教示…………………… 185
（ウ）不利益処分の手続…………………………………… 186
　　a　処分基準の設定・公表……………………… 186
　　b　事前に相手の意見を聴く手続……………… 186
　　（ⅰ）聴聞 ……………………………………… 187
　　（ⅱ）弁明の機会の付与 ……………………… 187
　　c　送達と理由等の提示………………………… 188
（エ）行政処分の求め ……………………………………… 188
（5）自治体の機関・職員が
　　　行政指導を行うときの手続上の義務は………………… 189

10

（ア）行政指導の基本原則 ……………………………… 189
　　（イ）行政指導の手続 ………………………………… 189
　　（ウ）行政指導の中止などの求め ……………………… 190
　　（エ）行政指導の実施の求め …………………………… 190
　　（オ）申出に対する応答 ………………………………… 190
　（6）行政手続法の適用関係を考える ……………………… 191
　　（ア）行政手続法は適用除外が多い …………………… 191
　　（イ）行政手続法は手続の一部を定めた法である ……… 191
　（7）届出の手続 ……………………………………………… 192
5　命令等の制定手続（パブリック・コメント）………………… 192
　（1）行政手続法における意見公募手続 …………………… 192
　（2）自治体におけるパブリック・コメント制度 ………… 193
6　「契約」手法も行政活動に拡がっている ………………… 194
　（1）民法（契約）法と自治体 ……………………………… 194
　（2）契約による行政サービスもある ……………………… 195
　（3）規制行政に契約手法を活用する ……………………… 196
7　行政機関の行う調査や監視活動も重要である……………… 197
　（1）行政が行う調査では何が重要か ……………………… 197
　　（ア）行政調査にはいろいろなものがある ……………… 197
　　（イ）行政調査をするときの心構え …………………… 198
　（2）行政には監視や告発というしごともある ………… 199
　　（ア）法的な対話ができなくなったら ………………… 199
　　（イ）監視 ……………………………………………… 200
　　（ウ）告発 ……………………………………………… 201

第6章　トラブルの解決も法に基づいて行う

1　トラブルを防ぐための心がけ……………………………… 204
　（1）いろいろな住民の声がいろいろなところに届く ……… 204
　（2）窓口で応対するときに基本的なことは何か ………… 204
　　（ア）相手（住民）の自尊心を大切にすること ………… 205
　　（イ）応対の仕方を日頃から身につけておくこと ……… 205
　　（ウ）窓口でのしごとに良質の法務を盛り込むこと ……… 205

目　次

　　（エ）組織的に適正な手続にのっとって応対すること …………… 206
　　（オ）防げないトラブルは、…………………………………………… 206
　　　　　司法的解決を受けて立つ気概を持つこと
　2　自治体と住民との法的なトラブルの解決手続は………………… 207
　（1）正式の解決手続と非正式の解決手続 ………………………… 207
　（2）苦情対応の定義と法的な性格 ………………………………… 208
　（3）正式の苦情対応手続 …………………………………………… 209
　　（ア）法律に基づく正式の苦情対応手続 ……………………… 209
　　（イ）条例に基づく正式の苦情対応手続 ……………………… 210
　（4）苦情対応の基本原則 …………………………………………… 210
　　（ア）誠実対応の原則 …………………………………………… 211
　　（イ）最適手続選択の原則 ……………………………………… 211
　　（ウ）平等対応の原則 …………………………………………… 212
　　（エ）法の体系に配慮する原則 ………………………………… 212
　（5）苦情の報告と記録・データベース化 ………………………… 213
　3　オンブズマン制度………………………………………………… 214
　（1）オンブズマンとは何か ………………………………………… 214
　　（ア）オンブズマンの種類 ……………………………………… 214
　　（イ）オンブズマンの機能 ……………………………………… 215
　（2）自治体オンブズマン制度の現状 ……………………………… 216
　　（ア）自治体オンブズマンの特徴 ……………………………… 216
　　（イ）自治体オンブズマンの苦情対応方法 …………………… 217
　　（ウ）自治体オンブズマンをうまく機能させる条件 ………… 217
　4　行政争訟にはどのようなものがあるか………………………… 218
　（1）行政争訟制度とは何か ………………………………………… 218
　（2）行政不服申立制度はどのようなものか ……………………… 219
　　（ア）不服申立ての種類 ………………………………………… 219
　　（イ）不服申立て制度の存在意義 ……………………………… 221
　　（ウ）不服申立ての運用で大切なことは ……………………… 221
　（3）行政事件訴訟制度はどのようなものか ……………………… 225
　　（ア）行政事件訴訟制度とは …………………………………… 225
　　（イ）行政事件訴訟にはどのようなものがあるか …………… 226
　　（ウ）裁判では正々堂々と ……………………………………… 226

目　次

5　損害賠償責任が生ずるとき……………………………………… 228
　（1）自治体に損害賠償責任を認める法とその必要性 …………… 228
　（2）自治体はどのような場合に損害賠償責任を負うのか ……… 229
　　（ア）国家賠償法に基づく賠償責任 ……………………………… 229
　　　a　第1条の賠償責任…………………………………………… 229
　　　b　第2条の賠償責任…………………………………………… 231
　　　c　具体的な賠償額などを決めるためには………………… 231
　　（イ）民法等に基づく賠償責任 …………………………………… 231
　（3）職員個人はどのような場合に損害賠償責任を負うのか …… 232
　（4）自治体の保険・共済制度と損失補償 ………………………… 233
6　民事訴訟や民事調停も重要である……………………………… 234
　（1）住民の不服の解決は民事手続によることもある …………… 234
　（2）民事調停制度による不服の解決 ……………………………… 235

第7章　行政上の義務は職員にも住民にも

1　自治体が行うべきことをしないときに住民ができることは…… 238
　（1）自治体が行うべきことをしないとき ………………………… 238
　（2）住民がもっている法的手段は ………………………………… 238
　　（ア）住民監査請求・住民訴訟 …………………………………… 239
　　（イ）解職請求（リコール）……………………………………… 240
　　（ウ）告発 …………………………………………………………… 240
　　（エ）条例による行政活動請求権の創設 ……………………… 240
2　住民が行うべきことをしないときに自治体ができることは…… 241
　（1）住民が行うべきことをしないとき …………………………… 241
　（2）自治体が住民の義務を実現する法的手段は ………………… 242
　　（ア）直接的な手段（金銭上の義務）…………………………… 243
　　（イ）直接的な手段（非金銭上の義務）………………………… 244
　　　a　民事上の法律関係から生じる義務……………………… 244
　　　b　行政特有の法律関係から生じる義務…………………… 245
　　（ウ）間接的な手段（行政罰）…………………………………… 246
　　　a　刑事罰…………………………………………………………… 246
　　　b　行政上の秩序罰……………………………………………… 247

13

目　次

（エ）間接的な手段（その他）……………………………………… 247
　　　a　行政サービスの拒否………………………………………… 247
　　　b　公表…………………………………………………………… 248

終章　これからの自治体法務を担う人々へ

1　地方分権の成果と自治体法務……………………………………… 252
　（1）地方分権推進諸施策の成果 …………………………………… 252
　（ア）地方分権を振り返る意義 …………………………………… 252
　（イ）地方分権推進（第1次地方分権）…………………………… 252
　（ウ）地方分権推進に対する壁 …………………………………… 253
　（エ）地方分権推進から地方分権改革へ ………………………… 254
　（2）新しい中央集権改革の進行 …………………………………… 255
　（ア）地方消滅論と地方創生 ……………………………………… 255
　（イ）沖縄にあらわれた地方自治の危機 ………………………… 256
　（3）これからの自治体法務はみなさんが展望する ……………… 257
2　自治体職場の変容…………………………………………………… 258
　（1）正職員の減少と非正規職員等の激増 ………………………… 258
　（2）職員の勤務条件等に対する多種多様な法規律 ……………… 259
　（3）自治体職員の責任 ……………………………………………… 260
3　これからの自治体法務を担う人々の姿勢………………………… 261

【付録】　創造的な情報収集に向けて

1　法令を調べる………………………………………………………… 266
2　法令の条文を解釈する……………………………………………… 268
　（1）注釈書（コンメンタール）で調べる ………………………… 268
　（2）判例を調べる …………………………………………………… 268
　（3）学説・文献（研究論文）を調べる …………………………… 270
　（4）自治体職員は責任をもって法解釈を ………………………… 271
3　情報をどうやって入手するか……………………………………… 272
4　情報は発信する人に集まる………………………………………… 273

索引……………………………………………………………………… 274

序章
このテキストの目的と利用方法

1　このテキストの目的

　ようこそ＜自治体法務＞の世界へ！

　この本は、市や県などの自治体にいわゆる正職員として採用された方々など若手の方を念頭において、法的な考え方や基礎的な法知識を身につけていただくことを目的として作成したテキストです。この序章では、このテキストをどのような考え方でまとめてきたのかということを述べ、あわせてこのテキストの利用の仕方についてわれわれ編者が想定していることをお示しします。

　自治体の活動は、さまざまな分野に広がっています。こうしたなかで、自治体職員には、どのような能力が必要となるのでしょうか。まず地域を良くしていこうという情熱と専門家としての倫理観。住民との対話（コミュニケーション）能力。自分のすること・しないことをきちんと説明できる能力や文章力、経済・経営感覚、パソコンを駆使できる能力。英語その他の外国語の会話力。あげるときりがありません。これほどいろいろな能力が必要となっているのに、法的能力をいま改めて考えてみる意味はどこにあるのでしょうか。

　それは、「法」がわたしたちの社会生活のさまざまな分野に深くかかわっていることにあります。自治体は、住民の信託を受けて設立された機構ですから、その信託の基礎にある「法」に基づいて行動しなければなりません。自治体には最高意思決定機関としての議会があり、また、自治体を代表するのは首長（都道府県知事、市町村長など）です。職員は、法的には議会、首長などの機関のいわば手足にすぎません。しかし、首長が実際に、自らすべてのしごとを行うのは無理です。それゆえに、首長とともに、職員も、住民のため

の奉仕者として、その生活の安全と充実を図り、住民の権利の行使を手助けするのです。そこに自治体職員の本来の職業上の使命があります。

1990年代から用いられる「地方分権」という語は、自治体が国などに頼らず自己の責任で積極的に「法」を運用して、住民のための諸々のしごとに取り組むことを意味します。

こうした「法」は、国の法律や自治体の条例・規則のことだけを意味するものではありません。法律などは、文字で書きあらわし、文書の形をとっているので、成文法といいます。文書の形をとっていない不文法という法（例、慣習法、条理）もあります。成文法も不文法も、多くは合理的で住民や職員が守らなければならないものです。しかし、なかには、憲法・法律の規定やその趣旨に反しているもの、現状の住民ニーズに合わなくて見直しを必要とするものもあります。これらを作り変えていくには、現在の法的なしくみを理解し、どこに問題があるのかを発見し、より良い法制度を組み立て、そして運用することのできる能力が必要です。職員は、こうした能力を養うために、まず地方自治制度、行政の執行のしくみ、住民の権利保護制度などの概要を知り、法的なものの考え方の基礎を身につけることが大切です。

地方分権が進めば進むほど、自治体は、より大きな範囲のしごとをみずからの責任で行うことになります。責任があるということは、その結果について、自治体つまりは首長や職員のみなさんが責任をとるということです。各自治体における、政策を創り出す能力（政策形成能力）を強化する必要があります。これはひとつの自治体ではなく、自治体が互いに連携して進めることもあるでしょう。さらに、その政策を実現するには政策立案の担当者だけではなく、住

序章　このテキストの目的と利用方法

民へのサービスを実際に担う職員にも法的な素養が不可欠となります。

　1990年代後半から始まった第1次地方分権（→252頁）は、司法（裁判）による自治体の統制を強化することを目指しました。日本では、特定の住民が自治体にしてもらいたい事項を、政治家や官僚に対する陳情（汚職、官官接待）などの政治的な手法で行わせることが、多々あります。国の行政機関がその望むしごとを自治体に担わせるときも、法的に正式な手続ではなく、財政上のアメとムチや、国から出向する幹部自治体職員による人事などによって、その実現を容易にしていました。しかし、このようなやり方は、前近代国家・封建社会のやり方です。自治体と住民、さらには、自治体と国とのトラブルは裁判所による最終的解決を前提として法的に解決するというのが、法治国家の標準です。ただし、理念的な姿と現実は、なお大きくかけはなれています。

　第1次地方分権とほぼ同時期に、司法制度の改革が行われました。法科大学院制度の創設と新しい司法試験制度の下、数多くの法律家（弁護士）が生まれています。法律家の資格をもった人が自治体職員として採用される例も増えています。住民も、それぞれの社会生活のなかでたくわえた専門的能力を発揮するようになりました。

　住民と職員との対話は、「理詰め」のものとしなければなりません。このことに関連して、**アカウンタビリティ**（Accountability）という言葉が語られ始めてから久しくなりました。これは、受託者としての自分のしたこと、しなかったことの意義を、委託者である相手（他人）に十分に説明して、納得を得る責任や義務のことをいいます。よく説明責任と呼ばれています。職員は、この説明の中身を「理詰め」のものとしなければなりません。

18

この「理詰め」というのは、「法的発想」に立ってものごとを処理するということです。自治体のしごと全体を、法的にしっかりしたものにしなければなりません。自治体のしごとは、見方によってはそのすべてが「法務」となります。

2　このテキストの構成

このテキストは、この序章のほか、7つの章、終章、そして付録で構成されます。

まず、第1章では、自治体の主人公である住民、自治体法務の舞台となる自治体の種類とその基本的なしくみ、さらには、自治体法務とは何か、について述べます。自治体が活動するためには、ヒト、モノ、カネ、ジョウホウ（情報）、ジカン（時間）という資産が重要です。そして、自治体は、その資産を上手に活用して、Plan-Do-See のマネジメント・サイクルをうまく回していって、しごとを進めることも述べています。

第2章では、自治体法務の一番大切な事柄を説明します。法治主義、その柱である憲法、法律、条例などの意味、法令の読み方・解釈の仕方などです。

第3章では、自治体の執行機関の組織について、その構造と運営のルールを述べ、あわせて、自治体活動の一翼を担う組織や近年の民営化の動きなどによりさまざまな人々・会社などが自治体のしごとを担い始めていることについても、簡単に説明します。

第4章は、自治体の資産としてのジョウホウ（情報）について説明します。ここで「資産」とは、単に消費される「資源」ではなく、住民から信託された将来にわたって遺してゆくべき財産という意味

序章　このテキストの目的と利用方法

を込めて用いています。なお、この自治体の資産のうち、ヒト（職員）、モノ（財産管理）とカネ（財政・財務）についての法も大切ですが、分量の都合などがあって、このテキストでは、その大半の説明を省略します。

　第5章から第7章までは、自治体の資産を活用した自治体の諸活動を、そのフィードバックのしくみも含めて説明します。なお、フィードバックというのは、実際の結果から原因を探り、元の活動を見直すことをいいます。

　具体的には、まず、第5章で、自治体（の執行機関）が活動をするときの手続を説明します。この章のキーワードは、住民との対話です。自治体の活動は、行政の一方的な（権力的な）行為にみえることであっても、本来は住民との対話の上に成り立つべきことを前提にして説明をします。つぎに、第6章では、自治体の活動の結果、住民との間にトラブルが生じたときにこれを法的に解決するための制度を説明します。また、第7章では、自治体や住民が、法的には本来行うべきことを実際に行わないときに、どのようにして正しい状態にするのか、簡単に触れます。

　そして終章では、これからの自治体法務にかんする展望と課題をまとめています。また、終章のうしろに、より創造的なしごとをするための情報収集のあり方を掲げた＜付録＞を用意しました。

3　このテキストの利用方法

① 　このテキストは、順を追って読むことを想定しています。他の箇所で説明している事柄については、参照ページをつけました。（→○○頁）と表示する部分です。この参照ページも引きながら本

書を繰り返し読むと、理解が深まります。もちろん、関心をもったことや、自分が担当しているしごとに関連した解説のあるページを手がかりに読み始めていただいてもかまいません。

② このテキストは「法務」を対象としますので、引用した法令の条文は、なるべく『六法』（法令集）をひもといて、自分で読んでみてください。

③ このテキストでは、たくさんの法令を引用しています。引用する法令は、章の1つ下のランク（節に相当する部分）の初出のところではフルネームで記載していますが、2度目からは、適宜、略語を用いています。略語は、有斐閣が刊行している各種の『六法』での法令の略語を基本としています。

　引用の仕方を例示すると、『自治2Ⅸ①』は、「地方自治法第2条第9項第1号」を表します。第2章4（→79頁以下）で、法令の読み方を説明していますので、六法をひくときの参考にしてください。

④ このテキストでは、判例を、「最判2002（平成14）年7月9日判例時報1798号78頁」の要領で表示しています。「判例」の意味については、59頁を参照してください。最高裁判決などについては、最高裁で編さんする「公式判例集」もありますが、このテキストでは入手のしやすさから、『判例時報』という判例を収録した市販の雑誌を表記します。『判例時報』誌に収録されていない判例については、適宜これを収録する判例雑誌などにより表示します。

⑤ 本文で説明するには複雑な問題や、最近話題となっているテーマなどに触れるために、ステップ・アップ用のコラムを設けました。これを手がかりに、一歩突っ込んだ学習をしていただきたい

序章　このテキストの目的と利用方法

と思います。

⑥　このテキストは、教員や講師の説明がなくても読者が読み通す
　　ことのできる自習教材として利用できるように配慮しています。
　　また、自治体が初任の職員に研修をするときにも役立つものと考
　　えています。同時に、自治体のしごとに就きたいと考える学生や、
　　地方議員その他、行政や地方自治のあり方に関心をもつ方々にも
　　読んでいただきたいと思います。

第1章
地方自治と自治体法務

第1章　地方自治と自治体法務

1　住民の権利と地方自治

（1）自治体職員は宣誓する

　自治体に、いわゆる正職員として採用された人は、採用日の最初に、【図1-1】のような文面を読みあげて宣誓し、署名をします。

【図1-1】自治体職員の採用時の宣誓書の例

　　　　　　　　　　宣　誓　書

　私は、ここに、主権が国民に存することを認める日本国憲法を尊重し、且つ、擁護することを固く誓います。

　私は、地方自治の本旨を体するとともに公務を民主的且つ能率的に運営すべき責務を深く自覚し、全体の奉仕者として、誠実且つ公正に職務を執行することを固く誓います。

　　　年　月　日

　　　　　　　氏　名　　　　　　印

①主権が国民に存する、②憲法を尊重・擁護する、③地方自治の本旨、④全体の奉仕者、これらは、いずれも、日本国憲法に出てくる重要なことばです。なお、このテキストで「憲法」というときは、とくにことわりがない限り、「日本国憲法」のことを意味します。宣誓が日本国憲法と深いつながりがあるということを忘れないでください。

　民間の会社の入社式でも、これと似たことをしているでしょう。しかし、自治体職員の宣誓とは意味合いが違います。入社式での宣誓は、会社（や株主）に忠誠を誓うものですが、自治体職員のそれは、自治体（お役所）に忠誠を誓うものではありません。その自治体の区域に住む人々（住民）に誓っているのです。

（2）地方自治とは

　つぎに、宣誓書にある「地方自治」とはどういうことか、簡単に触れましょう。

　「日本の国は、たくさんの地方に分かれていますが、その地方が、それぞれさかえてゆかなければ、国はさかえてゆきません。そのためには、地方が、それぞれじぶんでじぶんのことを治めてゆくのが、いちばんよいのです。なぜならば、地方には、その地方のいろいろな事情があり、その地方に住んでいる人が、いちばんよくこれを知っているからです。じぶんでじぶんのことを自由にやってゆくことを『自治』といいます。それで国の地方ごとに自治でやらせてゆくことを、『地方自治』というのです。」

　これは、第2次世界大戦で日本が敗れたあとに（旧）文部省が作成した教科書『あたらしい憲法のはなし』（1947年）の地方自治に

第1章　地方自治と自治体法務

ついての部分です。「国がさかえる」という表現にみられるように、戦前の国家第一の考え方が残っているものの、地方自治とはどういうことか、いまでも十分に通用する記述です。「地方自治」の意味については、あとでもう少し詳しく説明します。

（3）自治体や自治体職員は、誰のために仕事をするのか

　それでは、自治体職員は、誰のためにしごとをするのかということを考えましょう。これは、自治体が誰のためにあるのかということにも通じる問いです。

　答えのカギは、**日本国憲法**にあります。

　憲法1条の始まる前の部分をみてください。この部分は、前文といいます。前文に、「**ここに主権が国民に存することを宣言し、この憲法を確定する**」とあります。国民主権のことです。「国民主権」の内容については、ひとまず説明をせずに、つぎの文をみます。すると、「**そもそも国政は、国民の厳粛な信託によるものであつて、その権威は国民に由来し、その権力は国民の代表者がこれを行使し、その福利は国民がこれを享受する。**」とあります。促音の「つ」が大文字となっていますが、これは、条文を原文のまま記載しているところです。この本では、のちほど、同じように促音を大文字のまま表記しているところがあります。

　この「信託」という言葉にも深い意味がありますが、ここでは、委託者（住民・国民）が受託者（国・自治体）を「信頼」して、あることを委託し、受託者も「信頼」にこたえる形で誠実に受託事項を実行することを表します。そして、「国民が福利を享受する」というのは、すべての国民（や住民）に永久の権利である**基本的人権**（憲

法 11、97）が、きちんと保障されていることを意味します。自治体は、住民の信託に基づいて活動し、住民がその福利を享受する（住民の基本的人権が保障される）ために存在する機構と考えられます。

つぎに、自治体職員について考えましょう。憲法 15 条 2 項は、**「すべて公務員は、全体の奉仕者であつて、一部の奉仕者ではない。」**と定めます。これは、自治体職員が、その地域のすべての住民に対して、さまざまなサービスを、適切に提供しなければならないということを意味します。

（4）住民とは

（ア）法的な意味での「住民」とは

産業廃棄物処分場の建設や福祉の問題などで、住民のさまざまな活動がマスコミに登場しています。市民運動、住民運動……と表現は異なっても、地方自治のキーワードは、まさに住民なのです。このテキストが、住民の権利から出発するのは、住民が地方自治の主人公であるからに、ほかなりません。

そこで、まず、住民の法的な意味について要点をみていきます。法は、**「市町村の区域内に住所を有する者」を、市町村と、これを包括する都道府県の住民**と定めています（地方自治法 10 Ⅰ）。

つまり、**自然人**（すべての生身の人間。個人）、**法人**（自然人以外で権利義務の主体となる団体）を問わず、また、高齢者も、学生・こどもも、**外国人**（日本の国籍をもたない人）も、その地域に住所があれば、皆がその自治体の住民だということです。

この住民の定義は、日本国民（国民）のそれと比べると、きわめて包括的です。国民の定義（要件）は、憲法 10 条の規定に基づき

第 1 章　地方自治と自治体法務

国籍法が定めています。国籍法によれば、外国人も、法人も、「国民」にはなりません。住民との大きな違いです。

　住民の定義では「**住所**」がキーワードになります。そして「住所」とは、「**各人の生活の本拠**」のことをいいます（民法 22）。市町村は、住民基本台帳というものを備えていますが、この台帳は、住所の意味での住民の居住関係をおおやけに証明するだけのものです（住民基本台帳法 1）。台帳に記録がなくても、その自治体に生活の本拠があれば、その人は住民なのです。なお、法人は、「**その本店の所在地**」（会社法 4）や、「**その主たる事務所の所在地**」（一般社団法人及び一般財団法人に関する法律 4）が住所になります。

　ちなみに、自治体は、その自治体の住民だけを対象に奉仕するものではありません。旅行者や通行者などの滞在者に対しても、必要なサービスを提供します（例、急病人を救急車で運ぶ）。

　（イ）住民についてもう少し詳しく考える

　住民は、法律の定めるところによって、自治体の役務の提供を等しく受ける権利を有し、また、その負担を分任する義務を負います（自治 10 Ⅱ）。

　問題は、この「法律の定めるところ」です。実際には、法律によって、住民としての権利を認められず、事実上、住民ではないような扱いを受けている人々がいます。

　その典型が、外国人である「住民」です。「日本国民たる普通地方公共団体の住民」という規定によって、外国人は、自治体への参政権（選挙権、被選挙権）や直接請求権を行使できません（自治 11・12・13 など）。自治体職員になることや自治体で高い役職に就くことでも、外国人は、大きな制約を受けています。

　また、日本人の「住民」のなかにも、他の住民を自分たちと同質

28

の「住民」として認めない人々がいます。こうした人々は、障害者施設の設置計画や葬儀事業者の葬儀場建設計画に対する地元住民の反対運動などでみられます。反対する人々の主張の内容は、さまざまですが、なかには、正当性をもたない、いわゆる住民エゴや政治家（及びその候補者）の集票活動と断じられても仕方のないものがあります。自治体は、こうした現状を直視したうえで、しごとを進めていかなければなりません。

　そこで、住民について問い直してみても、答えはそう簡単には出てきません。都市に住むかどうか、年齢、男女、貧富といったいろいろな切り口があります。自治体は、こうしたさまざまな住民の行政ニーズに応じて、きめ細やかにサービスを提供する必要があります。住民を抽象的に定義するよりも、住民の特徴をさまざまに分類して個々に対応することが、より大切なのです。

（5）地方自治は住民の憲法上の権利

　大日本帝国憲法（明治憲法）には、地方自治にかんする規定はありませんでした。しかし、現行の日本国憲法は、地方自治の重要性を正しく認識し、その第8章（憲92～95）に地方自治の章をおき、これを保障しました。

　地方自治そのものは、住民それぞれに保障されている基本的人権とは考えにくいかもしれません。しかし、この憲法の地方自治保障規定は、国家（国の政府）とは別に地域の公共的で身近なテーマを「自治」というしくみで、地域住民が主権者として、民主的に、住民のために行使することを、住民の憲法上の権利として保障しているということを意味しています。

第1章　地方自治と自治体法務

【図1-2】地方自治の本旨とは

　昨今の地方自治にかんする制度改革では、財政危機の中、効率的な組織運営といった視点が過度に重視されていて、そこでは、自治体を、一種の地域公共サービス提供会社（経営体）のように考える人もいます。確かに非効率な自治体の運営は住民の「信託」にこたえたことにはなりません。しかし、自治体において、住民は単にサービスの受け手であるだけではありません。そのサービスのあり方（水準・内容）を民主的な手続を経て決めることができる主権者なのです。

　憲法92条は、「地方公共団体の組織及び運営に関する事項は、地方自治の本旨に基いて、法律でこれを定める」と規定しています。

〔コラム1〕「まちづくり権」とは？
　「まちづくり権」という言葉は、別府競輪の場外車券売場「サテライト日田」の設置許可をめぐる裁判（2001年～）で、原告の大分県日田市が初めて主張したものです。「まちづくり権」を定義するならば、**自己責任、自己決定、自主自立の流れのなかにある自治体が、自分たちのまちは自分たちでつくるという基本的な理念に立脚して、住民とともに構築していく権利**といえます。この概念はまだ確立していませんが、自治体と地域住民が自分たちの身の丈にあった「地方自治の本旨」の中身を詰めていくために、計画を立て、条例を整備し、実績を積み重ねていくことから生まれてくるものです（参照、木佐茂男（編）『〈まちづくり権〉への挑戦』（信山社、2002年））。

この憲法 92 条に規定する「法律」として、地方自治法が、憲法の施行日と同じ 1947 年 5 月 3 日に施行（→ 72 頁）されました。

　また、この条文の「地方自治の本旨」というのは、地方自治の本来のあり方ということですが、これは、住民自治と団体自治をその内容とします（【図 1-2】）。

　住民自治とは、地域において公共的な（住民から信託された政府機構が担うべき）しごとが一定量あることを前提として、**その地域にかんする総合的な政治・行政などを、その住民の意思に基づき自律的に行う**ということです。また、団体自治とは、そのような**地域にかんする総合的な政治・行政などを、国とは別個の独立の団体が、その団体自身の手により、自主的自立的に行う**ということです。住民自治・団体自治の両方があってはじめて、地方自治を保障したことになります。いずれを欠いてもいけません。さらに、この「地方自治の本旨」を具体化するものとして、「まちづくり権」という考え方も提起されています（〔コラム 1〕→ 30 頁）。

　こうした憲法の地方自治保障規定を踏まえて、住民と自治体、さらには国との関係を考えましょう。【図 1-3】をみてください。これは、国民（住民）と政府（国民・住民から信託を受けて公共的なサービスを提供するもの。国・自治体）の関係を、大まかにあらわしたものです。ポイントは、つぎのことです。

　まず、国民（住民）が、主権者（主権の担い手）として、政府の上に立つことです。政府ではたらく人々（公務員）は、先に述べたように国民全体に奉仕する者なのです。そして、国民は、政府の代表者を選挙によって選び、その運営を託します。憲法 15 条 1 項は、国民に、公務員を選んだり辞めさせたりする権利（選定罷免権）を保障しています。

第1章　地方自治と自治体法務

【図 1-3】住民と自治体、国の関係

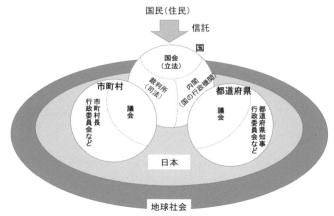

　つぎに、政府は、大きくは、国（国会・内閣・裁判所）、都道府県、市町村に分かれるということです。都道府県と市町村（このテキストでは東京都の特別区を含めます。）は、憲法で保障された、地方自治を直接担当する地域の政府です。

　第3に、国の政府は、国会（立法）、内閣（行政）、裁判所（司法）に分かれているということです（三権分立）。このなかでは、国会が「国権の最高機関」として位置します。また、都道府県と市町村には、議会と執行機関があります。

　国と自治体は、それぞれ役割分担をし、かつ、協力しながら活動します。そして、**国と自治体の関係は、基本的には対等**なのです。ただし、活動の内容によっては、優劣があります。たとえば、国会の定める法律や自治体の定める条例（→65頁）などの法の解釈については、最終的には裁判所の判断が他の政府機関（国会・内閣、自治体）の判断にまさります。また、条例は、法律の範囲内で制定することができるので（憲法94）、条例と法律が同一のことについ

32

て異なる規定を定めている場合には、基本的には法律が優先します。とくに、裁判所が、国の他の機関（国会・内閣）や自治体を、法的に統制することに注意してください。今後は、地方分権が進むことにあわせて、自治体の活動にかんする裁判所による統制が強まると考えられています。地方自治との関係で裁判所の役割が相対的に大きくなるのです。

さらに、**市町村と都道府県の関係も基本的には対等**です（国と自治体の関係と同じように、活動の内容によっては、優劣があります）。

ただ、これまでの日本の法制度は、地方自治の理念を十分に活かすものではありませんでした。このため、1990年代後半から、自治体に対して、さまざまな地方分権施策が、講じられてきています。

（6）自治体は住民の人権・権利の保障のために

自治体に権限（→37頁）があるだけでは、不十分です。自治体は、住民の人権や権利を保障することに、その存在理由（自治体の公共性）があります。ですから、自治体は、その権限を適切・妥当に行使して、住民の人権・権利を保障するように活動しなければなりません。そこで、住民の人権・権利にはどのようなものがあるか、みることにしましょう。

（ア）住民の基本的人権

まず、憲法が保障する**基本的人権**があります。表現の自由（憲21）、生存権（憲25）、教育を受ける権利（憲26）などです。なお、法律における政府の責任・責務規定（高齢社会対策基本法3・4、環境基本法6・7）などをよりどころとして、具体的社会保障請求権や環境権を憲法上の人権と位置づける見解があります。自治体は、

33

第1章　地方自治と自治体法務

こうした人権またはこれに準じた権利の実現に向けて、必要な政策を立案し、実施しなければなりません。

（イ）住民の権利

つぎに、法律や条例のレベルで保障するさまざまな住民の権利があります。地方自治にとって重要なものを述べましょう。

第1に、自治体の民主主義との関係で、参政権である各種の**直接請求権**（解職制度につき→ 240 頁）が大切です。国の行政にはない制度です。また、市町村合併の是非などを対象にした住民投票制度の条例化は、直接民主制の具体化といえます。

第2に、**自治体のサービス提供を等しく受ける権利**（自治 10 Ⅱ）を具体化したものとして公の施設の利用権があります。「公の施設」とは、自治体が住民の福祉増進のためにその利用に供するために設置した施設のことです（自治244 Ⅰ）。自治体が建設した道路、地下鉄、公園、文化会館、公民館、学校、老人ホーム、病院などが、その例です。自治体は、正当な理由のない限り、住民が公の施設を利用することを拒んではいけませんし、不当な差別的取扱いをしてはいけません（自治244 Ⅱ・Ⅲ）。したがって、仮に公の施設の利用を制限するときには、自治体は、この住民の利用権を尊重して、必要最低限のものとしなければならないのです。

第3に、行政手続（→ 170 頁）における住民の**適正な手続の請求権や参加権**が重要です。社会が複雑・高度化し、住民の価値観が多様化する今日では、政策を実施した結果だけが重要なのではなく、その立案・実施の過程に住民が手続的にきちんと参加できることが重要です。そして、この住民参加の前提として住民が正しい判断をするのに必要なのが、**行政情報にアクセスする権利**（情報公開請求権。→ 136 頁）です。

34

第4に、実際の自治体の活動を担う職員らが生身の人間である限り、違法な（法に違反した）、あるいは不当な（妥当でない）活動を皆無にはできません。違法・不当な活動から人権・権利を守るためには、住民の**法的に争う権利**（苦情申立権（公共サービス基本法3⑤）、不服申立権、裁判を受ける権利（憲32））をきちんと働かせることが重要です。

2　自治体のしくみはどうなっているか

（1）自治体とは何か

（ア）「自治体」の定義
住民自治と並ぶ地方自治の本旨のもう1つの柱である**団体自治**について考えます。まず、この「団体」についてです。

憲法は、地方自治を担う政府を「地方公共団体」といい（憲法92）、その具体的な種類を定めることは、法律に任せています。そこで、地方自治法は、地方公共団体を**【図1-4】**のように種類分けしています。地方公共団体は、どれも法人です（地方自治法2Ⅰ。→27頁）。そして、**普通地方公共団体**は、その構成、組織、事務（しごと）、権限などにおいて一般的な性格をもち、一定の地域を基礎とし、地域住民をその構成者とする地方の政府です。**特別地方公共団体**は、普通地方公共団体でない地方の政府です。

憲法が団体自治権（→39頁）を保障する「地方公共団体」は普通地方公共団体のことであり、特別地方公共団体（→39頁）には憲法の保障が及ばないと考えるのが一般的です。ただし、特別区（都の区。現在の東京23区をいいます）は特殊です。特別区のある区域

【図1-4】自治体の種類

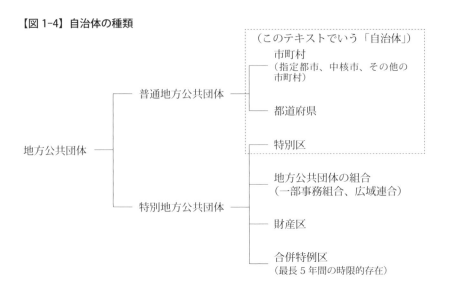

には市町村がなく、かつ、特別区は基本的には「市」のしごとをする（自治281Ⅱ）からです。こうしたことを考えて、このテキストでは、特別区を市と同じと考え、**都道府県、市町村、特別区をあわせて自治体**と呼びます。本書で「市町村」と表記するときは、とくに断りがない限り特別区を含めています。

　（イ）市町村と都道府県

　つぎに、市町村と都道府県の関係です。**市町村は基礎的な自治体**であり、**都道府県は市町村を包括する広域の自治体**であることが基本です（自治2Ⅲ・Ⅳ・Ⅴ）。ひとつの都道府県の区域には、複数の市町村があるのです。

　　a　市町村

　市の要件は地方自治法に、町の要件は各都道府県の条例に定めがあります（自治8Ⅰ・Ⅱ）。村であるための要件を定める法律や条例の規定は、ありません。市と町村では、それぞれ、その組織と運営

について若干の法律上の違いがあります（例、議会における書記長の設置にかんする自治138Ⅳ）。

　事務（しごと）・権限について、市町村は、基本的に同一です。なお、権限というのは、法律や条例などによって、国（国家）や自治体が行うことができるしごとの範囲のことをいいます。ただし、人口規模の相違や、行財政能力の実際の格差などから、地方自治法は、市のなかで特別のグループを設け、他の市町村と、事務・権限に若干の差を設けています。**指定都市**（政令指定都市。自治252の19）と、**中核市**（自治252の22）のことです。このうち、指定都市には、その区域内に「**区」（行政区）**（自治252の20）または**総合区**（自治252の20の2）を設けるというのが大きな特色です（〔**コラム2**〕参照）。

　なお、指定都市の区の事務所も特別区の事務所も、区役所と呼びます。しかし、特別区は法人ですが（自治2Ⅰ）、指定都市の区と総合区は法人ではないなど、両者の法的な意味は、質的に違います。

〔コラム2〕総合区

　指定都市の区（行政区）の区域における政策等の決定などで、住民に身近な行政を区で包括的に行えるようにするため、2014年の地方自治法改正で、「総合区」という制度が導入されました（2016年4月施行。施行の意味については→72頁）。総合区は、条例により、区（行政区）に代えて設置できます。区（行政区）と総合区の大きな違いは、①総合区長の選任については議会の同意が必要となること（自治252の20の2Ⅳ）、②総合区の総合的なまちづくりの推進などについて総合区長が市の代表となり得ること（同Ⅷ）、③総合区長には総合区に所属する職員の任免権が与えられること（同Ⅸ）などにあります。また、総合区長は、住民による解職請求（リコール→240頁）の対象となります（自治82）。

第1章　地方自治と自治体法務

　近年、都道府県の事務の市町村への移管が進みましたが、その際、市には移管しても町村には移管しないことにした事務も相当数あり、市町村は同一という法的建前は、かなり崩れています。

　また、市町村の合併が進みました。合併によって市町村の区域の面積は、大きく拡大していることがあります。こうした拡大すなわち市町村内部の広域化は、自治体の行政運営の効率化に資するかもしれません。しかし、人口規模の拡大がきめ細やかな行政運営を難しくするなど、人口が増えるだけでは「住民から身近な地方自治」という点で課題が残ります。また、指定都市の区（行政区）は、あくまでも行政の事務所にすぎず、大都市における自治のあり方にも問題があります。こうした問題に対するために、市町村は、条例で、その区域を分けて、地域自治区というものを設けることができます（〔**コラム3**〕参照）。

〔コラム3〕地域自治区と地域協議会

　地域自治区には、地域協議会がおかれ、地域自治区にかかわる事項について地域協議会が意見を述べることができます。一定事項については地域協議会の意見を聴かなければなりません。地域協議会の構成員は、市町村長が選任しますが、その方法は条例で定めます。こうした形で、自治体の区域の一部についての住民自治（狭域自治）を進めるしくみができたのです（以上、自治202の4～202の9、252の20 VII～X、252の20の2 XIII）。

　地域自治区は自治体ではありません。また、地域協議会は議会のような権限をもたず、意見をいうことができるにすぎません。また、地域協議会の構成員の選任方法も選挙とは限りません。その点で、地域自治区制度は理想的なしくみとはいえませんが、各市町村では、こうした新しいしくみを、住民のためによりよいものに制度設計をし、運用していくことが求められます。

b　都道府県

　都道府県の廃止、設置、分割、合併は、法律で定めるか、または関係都道府県の申請に基づき内閣が定めます（自治6Ⅰ、6の2Ⅰ）。市や町と異なり、都道府県となるための要件は、法律には定めがありません。また、現在の都道府県の間では、都（東京都）を除き、地方自治法上は、その事務・権限に法的な違いはありません。組織・運営についても、個別法に基づく区別を若干残すだけで、ほとんど違いがありません。

（ウ）特別地方公共団体

　特別地方公共団体には、**特別区、地方公共団体の組合、財産区**（以上は自治1の3Ⅲ）と**合併特例区**（市町村の合併の特例に関する法律27。ただし、設置できる期間は最長5年です。同31Ⅱ）があります。

　特別地方公共団体は、憲法がその存立を保障する地方公共団体ではないといわれています。このため、特別区は、存立に係る法的基盤が市町村よりも弱いものとなっています。そこで、東京23区は、市と同様の地方自治権が保障されるようにと、長年、主張と運動を続けています（〔**コラム4**〕→40頁）。

（2）団体自治権

　それでは、憲法が保障する団体自治は、具体的にはどのようなことを保障内容としているのでしょうか。ここでは、**自治組織権、自治立法権、自治財政権、自治行政権、自治体の国政参加権**に分けて考えます。

　第1の**自治組織権**とは、**自治体の組織のあり方を自ら決定する権能（＝権限）**のことをいいます。憲法自体が明文で国とは異なる「地

第1章 地方自治と自治体法務

方公共団体」の存立を認め、また、法律が「地方公共団体」を国とは別の法人とすること（自治2Ⅰ）は、この自治組織権を認める考え方からは当然のことです。自治組織権は、自治体の組織を構成する職員の人事について自ら決定する権能（自治人事権）を含みますが、現実の自治組織権は、十分な保障を受けているとはいえません。

第2の**自治立法権**とは、**自治体がその区域内において効力を有する法を制定する権能**のことをいいます。これは、憲法が、自治体の条例制定権として保障するものです（憲94）。条例については、あとで述べます（→65頁）。

第3の**自治財政権**とは、**自治体が、その活動に必要な資金を自ら確保し、これを自ら適切に管理し、かつ、経費の使途を自ら決定する権能**のことをいいます。自治体は法人ですから（自治2Ⅰ）、国とは独立した権利能力（権利をもち、義務を負う主体となることができる法上の資格）をもちます。つまり、自治体固有の財産を取得、管理、処分することができるのです。そのうえ、法律は、自治体財政

〔コラム4〕大都市特別区設置法

2012年に、「大都市地域における特別区の設置に関する法律」（大都市特別区設置法）が制定されました。これは、一定の要件を満たしている指定都市のある道府県において、関係市町村議会・道府県議会の議決や住民投票などの手続を経て、その指定都市などの関係市町村を廃止し、いくつかの特別区を設置する手続を設けた法律です。指定都市と道府県の二重行政が解消されて地方自治が進むようにみえますが、特別区長事件・最判1963（昭和38）年3月27日判例時報330号7頁は、**特別区を、日本国憲法で存続を保障した地方公共団体ではない**としています。大都市特別区設置法は、憲法で保障された市を廃止して、その保障のない特別区を設置するというしくみですから、地方自治の後退を意味する法律です。

40

の自主的、かつ、健全な運営と、その自律性を明記しています（地方財政法2Ⅱ）。この自治財政権には、自治体の自主的な課税権や自主的な起債権（借金をする権利）を含めることができます。ただし、地方税法の制約などがあり、自治財政権は強いとはいえません。

第4の**自治行政権**とは、**自治体が自ら担当するしごとの範囲を決め、そのしごとを、自らの責任で行うこと**をいいます（自治138の2参照）。これは、自治体の自主的な法解釈・法適用権をその本質的な内容としています。もちろん、多数の法律が自治体のしごとにさまざまな統制を課していますし、国の行政機関は、一定の要件・手続によって自治体のしごとの仕方に干渉できます（いわゆる「関与」）。また、最終的な法の解釈は、裁判所が決定します。自治行政権といっても、自治体の活動には、すべて法のコントロールが及ぶのです（→60頁以下）。

第5の**自治体の国政参加権**は、他の4つの権能とは異質です。自治体は、国政の一翼を担う地方の政府ですし、上にみたように、団体自治権には、法律がいろいろな干渉をします。ですから、自治体の団体自治をきちんと保障するためには、自治体が法律制定などの国政の場に参加する権利を、法的に認める必要があるのです。自治体の全国的連合組織の意見具申・意見書提出権（自治263の3Ⅱ。→121頁）や「**国と地方の協議の場**」の設置（国と地方の協議の場に関する法律）は、そのあらわれです。

41

第1章　地方自治と自治体法務

（3）自治体のしごと＝事務

（ア）自治体のしごとの内容と分類

　それでは、自治体は、具体的にどのようなしごと（以下この（3）では「事務」といいます。）をしているのでしょうか。自治体は、じつにさまざまな事務を担当します。警察、消防、清掃、上下水道、公園整備、建築確認、地域福祉サービスの運営、国民健康保険、地方税の課税……、あげるときりがありません。地方自治法2条2項は、自治体は「**地域における事務**…を処理する」と定めています。まさに、自治体は、住民のための総合生活サービスの供給主体なのです。なお、ここでサービスというのは、役務を提供することだけを意味するのではなく、住民の安全を守るための各種規制なども含めていて、「奉仕する」ことを意味します。もちろん、これらの事務の究極の目的が、住民の福祉の向上とその人権・権利の実現にあることを、忘れてはなりません。

　自治体の行っているさまざまな事務は、**【図1-5】**のように、分類することができます（自治2Ⅱ・Ⅷ～Ⅹ）。大きくは、まず、**自治事務**と**法定受託事務**に分かれます。自治事務は、**自治体が処理する事務のうち法定受託事務以外の事務**のことをいいます（自治2Ⅷ）。また、自治事務は、さらに、①法律・政令に定めがないもの、②法律や政令に定めがあるけれども、その執行をするかどうかは自治体の任意となっているもの、③法律や政令に定めがあり、かつ、その執行が義務的なものに分かれます。

　法定受託事務は、①**第1号法定受託事務**と、②**第2号法定受託事務**に分かれます。**第1号法定受託事務**は、「**法律又はこれに基づく**

42

2　自治体のしくみはどうなっているか

政令により都道府県、市町村又は特別区が処理することとされる事務のうち、国が本来果たすべき役割に係るものであつて、国においてその適正な処理を特に確保する必要があるものとして法律又はこれに基づく政令に特に定めるもの」をいいます（自治2Ⅸ①）。**第2号法定受託事務**は、「**法律又はこれに基づく政令により市町村又は**

【図1-5】事務の区分による制度上の相違事項

	自治事務	法定受託事務
条例制定権	法令に違反しない限り可（自治14Ⅰ）	法令に反しない限り可（自治14Ⅰ）。ただし、議会が新たな議決事項を条例で追加しようとするときは、国の安全にかんすることその他の事由により議会の議決すべきものとすることが適当でないものとして政令で定めるものは不可（自治96Ⅱ、地方自治法施行令121の3）
議会の権限（調査権など）	原則：及ぶ（自治96～100参照）【検閲権・監査請求権の例外的対象外事項】・労働委員会、収用委員会の権限に属するもの（自治令121の4Ⅰ・Ⅲ）	原則：及ぶ（自治96～100参照）【検閲権・監査請求権の例外的対象外事項】・国の安全、個人の秘密を害する事項にかんするもの（自治令121の4Ⅱ・Ⅳ）
監査委員の権限	議会の権限の対象と同じ（自治令140の5Ⅰ）	議会の権限の対象と同じ（自治令140の5Ⅱ）
行政不服申立て（審査請求）	原則：首長らへの審査請求（行政不服審査法4①）	原則：各大臣・知事等への審査請求（自治255の2）
訴訟（行政事件訴訟）	原則：自治体自身で対応。任意で国に訴訟を委任する制度あり	国に報告義務。国（法務省など）の訟務検事が訴訟代理できる。
国家賠償の義務	自治体自身の責任	自治体自身の責任。国が費用負担者として義務を負い得るという説がある。
国等による関与	関与の新たなルール（自治245～）（事務の種類ごとに関与内容が異なる）	

43

第1章　地方自治と自治体法務

特別区が処理することとされる事務のうち、都道府県が本来果たすべき役割に係るものであつて、都道府県においてその適正な処理を特に確保する必要があるものとして法律又はこれに基づく政令に特に定めるもの」をいいます（自治2Ⅸ②）。ここで出てくる国や都道府県の役割については、（イ）で説明します。

　従来、自治体で処理する事務は、国側の呼称でいう団体事務（自治事務ということもありました）と機関委任事務に分かれていました。そして、機関委任事務は、本来、国や他の自治体（の機関）の事務をその自治体の長その他の執行機関（→ 48頁）が処理するものと位置づけられていました。

　この機関委任事務の制度が中央集権的な日本の行政運営システムの元凶と考えられたために、第1次地方分権でこの機関委任事務を廃止し、事務自体の廃止や、国による直営事業化をできなかったものについて、自治事務と法定受託事務に（なるべく自治事務になるように）振り分けました。

　自治事務と法定受託事務は、自治体に対する国の、あるいは市町村に対する都道府県の関与の点などで相対的な違いがあるにとどまっています。なお、この関与の種類や、それぞれの関与の具体的な内容などは、かなり難しいので、このテキストでは省略します。読者の皆さんが、地方自治法の関係条文（自治245 ～ 252）を読みながら、自習してください。

　（イ）市町村、都道府県、国の役割分担

　それでは、自治体と国は、そして同じ自治体でも市町村と都道府県は、それぞれ事務をどのような役割で分担しているのでしょうか。

　まず、**自治体と国の役割分担**については、地方自治法1条の2にその基本的な考え方が書かれています。**自治体は、住民の福祉の増**

44

進を図ることを基本として、**地域における行政を自主的かつ総合的に実施する役割を広く担い、国は、国家の存立にかかわる事務など国が本来果たすべき役割を重点的に担います。**

つぎに、市町村と都道府県の役割分担についてです。都道府県は、市町村を包括する広域的な自治体です。そこで、**都道府県は、広域にわたる事務、市町村についての連絡調整にかんする事務、その規模または性質において市町村が処理することが不適当な事務**を担当します（自治2Ⅴ）。都道府県と市町村の事務は、相互に競合しないようにしなければいけません（自治2Ⅵ）。

なお、特別区はほぼ市の事務を担っていますが、法律とこれに基づく政令で若干の特例を定めています（自治281Ⅱ）。たとえば、上下水道事業は、本来は市町村の事務ですが、23区内では都の事務になっています（水道法49、下水道法42Ⅰ参照）。

（ウ）自治体の事務の進め方

それでは、それぞれの自治体は、どのようなしくみで事務を行っているのでしょうか。**【図1-6】**をみてください。

組織は、その活動のために、さまざまな人的な、あるいは物的な資産を必要とします。自治体もそうです。組織（自治体）の資産として重要なものは、ヒト、モノ、カネ、ジョウホウ（情報）、ジカン（時間）です。しかし、これらには、限りがあります。その一方で、公共的な課題は、年々、増加し、複雑化し、多岐にわたっています。

そこで、自治体は、公共的な課題を正しくとらえ、限りある自治体の人的・物的資産を有効に活用して、公共的な課題にこたえるしごとをしなければなりません。

そして、自治体の人的・物的資産にかんする活用のしくみが、「政策の立案・執行システム」です。このシステムは、自治体の組織の

第1章　地方自治と自治体法務

【図1-6】

自治体の活動のしくみ

政策の立案・執行システム
（マネジメント・サイクル）

自治体の財産
（人的・物的資産）

ヒ　ト

モ　ノ

カ　ネ

ジョウホウ
（情報）

ジカン
（時間）

Plan
・行政計画
・自治立法
・予算編成

See
・行政評価
・苦情対応
・行政争訟
・損害賠償
・行政監査

Do
・許認可
・補助金の交付
・手当等の支給
・契約
・役務提供

行政サービス

フィードバック

住　民

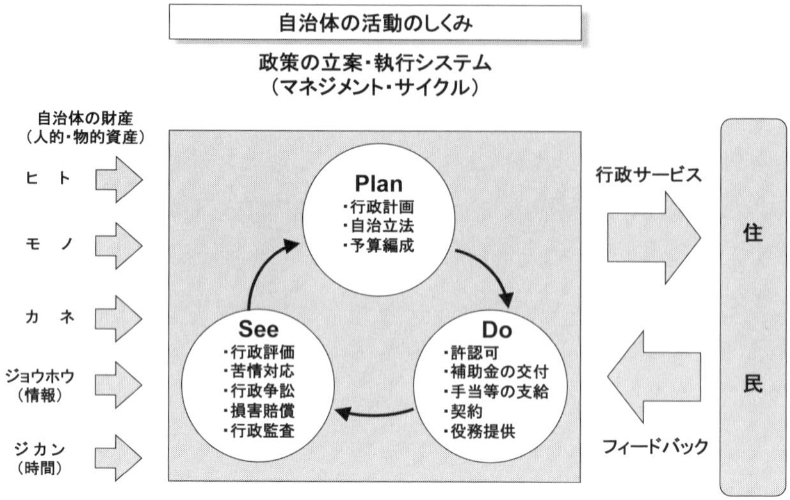

内側に着目すると、**Plan-Do-See** というマネジメント（行政運営）のサイクル（循環）になっています。自治体法務の視点でこのサイクルをみると、

① Plan には、行政サービスの提供のルールの作成（例、都市計画などの行政計画、条例・規則などの自治立法、予算の編成）が、

② Do には、行政サービスの提供（例、許認可、補助金の交付、手当等の支給、契約、具体的な役務－サービス－の提供）が、

③ See には、②の活動結果に基づく調整活動（フィードバック。例、行政評価、苦情対応、行政争訟、損害賠償、行政監査）が、それぞれ相当します。

なお、このサイクルは、便宜上 Plan から説明を始めています。しかし、適切な PLan を行うためには、現状を適切に評価しなければなりません。つまり、Plan-Do-See は、ひとつの See のあと、つ

ぎの Plan に続いていくサイクルだといえます。

　さらに、このシステム全体は、自治体の資産を集積・管理する方法を含めて、主権者である国民（住民）が定めた法（法律、条例など）に基づいて動いているものでなければなりません。

（4）自治体の機関

　自治体が実際に事務を行い、活動するためには、その手足となる機関が必要です。ここで最も重要な自治体の機関が、議会と執行機関（自治体の長など）です。以下、このテキストでは、さまざまな場面で「機関」という語が出てきますが、同じ意味ではないこともありますので注意してください。

（ア）議事機関としての議会

　自治体には、「**議事機関として議会を設置**」します（憲93 I）。議事機関とは、議決機関ともいい、一般には**法人の最高意思を決定する機関**のことです。

　議会は、条例の制定改廃、予算の制定、決算の認定、重要な契約の締結、訴えの提起など、自治体の活動にとってとくに重要な事項について議決します（自治96 I）。議決とは、議会の意思決定のことです。

　議会は、調査をしたり、議案を提案・審査したり、陳情を審査したりするために、条例により常任委員会、議会運営委員会、特別委員会をおくことができます（自治109）。議会の議員は、予算は別ですが、議会の議決すべき案件についての議案を、議会に提出することができます（自治112 I）。

　また、議会を補佐するために、都道府県の議会には事務局（議会

第1章　地方自治と自治体法務

事務局）をおきます（自治138 I）。市町村の議会も、条例により議会事務局をおくことができます（自治138 II）。じっさいは、大半の市町村が議会事務局をおいています。議会事務局には、事務局長、書記その他の職員をおきます（自治138 III）。

（イ）執行機関

ここでの**執行機関とは、議事機関の意思決定、その他自治体としての意思決定を現実に執行する機関**のことをいいます。自治体には、長のほかに、教育委員会、選挙管理委員会、監査委員などの執行機関があります（執行機関多元主義。→111頁）。このうち、最も重要な執行機関が、自治体の長です。執行機関については、第3章で扱いますので、ここでは、議会との関係で必要な事項に絞って、説明を加えます。

憲法は、「**地方公共団体の長、その議会の議員……は、その地方公共団体の住民が、直接これを選挙する**」と定めています（憲93 II）。いわゆる直接公選制のことです。これは、議会とともに、自治体の長も、住民に対して直接責任を負うということです。国会に対して責任を負う内閣総理大臣（憲66 III・67 I）と大きく異なる点です。

自治体の長とは、都道府県知事（自治139 I）、市町村長（自治139 II）、特別区の区長（自治283 I）のことです。このテキストでは、自治体の長を「首長」ということもあります。

自治体の長は、自治体を統轄・代表し（自治147）、補助機関である職員（部下）を指揮監督します（自治154）。具体的には、自治体の規則を定め（自治15。→68頁）、議案を議会に提出し、予算を調製・執行するなど、さまざまなしごとをします（自治149）。また、長は、他の執行機関相互の調整を図る義務を負う（自治138の3 III）とともに、調整権をもっています（自治180の4 I・221 I・238の

48

2 I）。

（ウ）議会と長の関係

　議会の議員と自治体の長は、いずれも、住民が直接選挙で選出した住民の代表です。そのため、自治体の議会と長との関係は、チェック・アンド・バランスの関係にあります。

　たとえば、長は、議会に対して、議決を経るべき案件についての議案（条例案、予算案など）を提出することができます（自治149①）。議会は、この議案を否決することができます。議会が否決した場合、長は、その否決に異議があれば、もう一度その議案を議会に審議させることができます（自治176 I）。これを「再議に付す」といいます。違法な議決など議決の内容によっては、長は、再議に付さなければならないことがあります（自治176 IV・177 I）。また、議会は、長の不信任議決をすることができます（自治178 I）。長は、これに対して議会を解散する権限をもちます（自治178 I）。

3　自治体法務とは

（1）自治体法務とは

　このテキストには、「自治体法務」というタイトルをつけています。この「自治体法務」という語の意味するところについて、少し詳しく説明します。

　この章の冒頭に述べたように、自治体職員は、住民への奉仕者として、住民の生活の安全、充実を図り、権利の行使を手助けすることを使命としています。職員のしごとは全体として、「行政」ということができます。この「行政」のすべてを、さまざまな形の「法」

第1章　地方自治と自治体法務

が規律しています（法治主義。→ 60 頁）。この「法」を、職員が住民のために駆使するところに、自治体法務のポイントがあります。

このテキストにおいて「**自治体法務**」とは、**自治体で行う一切の法的な意味をもつしごと**をいいます。採用直後の若い職員が役所の窓口で住民とする対話も、管理職が起案文書の決裁をすることも、それらが何らかの法的な意味をもっているために、法務と考えることになります。窓口で住民と話をすること自体が、ときには行政指導（→ 180 頁）となり、ときには「違法な公権力の行使」（→ 229 頁）といえる暴言に至ることもあります。こうした行為そのものが、すでに「法務」なのです。

そして、自治体行政にかんする法的な問題をひとつの法の分野のみで解決できるということは、そう多くありません。憲法、民法、刑法、行政法などさまざまな法の分野がかかわることが多いのです。ちなみに、「行政法」という題名の法律はありません。行政法というのは、学問上の法の分野です。

たとえば、企業が巧みに自治体幹部にわいろを贈って、この幹部（上司）が部下にパソコンの購入で便宜を図るよう指示する汚職事件があったとします。そこには、刑事事件（例、収賄罪）、行政法上の問題（例、上司の違法な職務命令に部下は従わなければならなかったかどうか、自治体に財産上の被害が生じた場合にこの上司や部下は自治体に損害賠償責任を負うかどうか）、民事事件（例、業者が締結できたパソコン納入契約は有効かどうか）、訴訟法上の問題（例、職員は、裁判所に出頭してどこまで証言しなければならないか）など、いろいろな法的問題があります。ひとつの事件が解決するまでに、さまざまな法的問題の処理が必要になるのです。自治体法務という考え方は、自治体での法的な処理の全体を視野に入れ、総合的に取り扱うことをねら

50

いとしています。憲法を頂点として、民法、刑法、行政法など、多くの法が自治体法務の要素になります。自治体の活動にかんする法が多面的なものである以上、自治体法務で扱うべき法の科目は、広範囲なものにならざるを得ません。

とくに、民法は、基幹的科目として重要です。行政活動にかんする法というと、まず行政法を思い起こすかもしれません。しかし、自治体において、最も基礎的で重要な法律は、近代法の基本的な法体系である民法です。道路建設や建物建築などの工事請負契約、さまざまな業務の委託契約など、自治体のしごとの相当の部分は、民法（とくに契約法）の規律を受けています。ですから、民法の内容やその考え方は、非常に重要であり、民法を含めないと、自治体法務の全体を語ることは難しいのです。

（2）自治体法務は
　　　行政法の抽象的な理論だけをとりあげて学ぶのではない

大学の「行政法」教育では、そのはじめの方で、「行政とは何か」とか、「公法と私法はどう違うか」など、抽象的な内容を扱います。これらは、理論的には重要なテーマかもしれませんが、多くの職員にはピンときません。このテキストでは、より適切で正しい自治体の活動という視点から、行政法の基本的な理念や、それを実務にどうつなげていくのかを考えていきたいと思います。

（3）基礎的な法務知識はなぜ重要か

すでに述べたように、職員のしごと・行動は、ある意味でその全

第1章　地方自治と自治体法務

部が法的な意味をもっています。そこで、自分のしたことが、のちほど問題になったとしても、これを法的にきちんと説明し、解決できるように、法にかんする基本的な考え方を身につけておくことが重要です。この法的な考え方は、決して職員としての立場にとってのみではなく、ひとりの住民という立場からも大事です。職員の活動が住民のためにあることからしてもそうですし、職員自身がいずれかの自治体の住民のひとりでもあるからです。

　そして、基礎的な法的知識を身につけることで、職員は、ふだんから自分の行動の理由をきちんと（合理的に）説明できるようになります。これが、自治体の活動全体を、透明で説得的なものにするのです。さらに、自分が担当するしごとだけではなく、自分の勤務する自治体には全体としてどのような権限と義務があるのかということを、常に意識できるようになります。意識するのとしないのとでは、住民への奉仕の質に大きな差が出ます。何気ないできごとのなかに法的な意味を見出して、的確な法的対応をすることで、住民の福祉の向上や権利の行使を手助けすることができるのです。

（4）自治体の活動の原点には憲法がある

　憲法は、国民の基本的人権を保障することを究極の目的としています。**人権保障という目的を達成するため不可欠な手段**として、**国民主権＝民主主義の原理**を導入しています。そして、憲法は、国民主権の原理に基づき、**代表民主制＝議会制民主制**を国の運営の基本的制度としています（憲法41・93）。つまり、この代表民主制度は、人権保障のための技術的な手段だということです。

　代表民主制による多数者の見解（多数意見）が、常に憲法の適用

52

あるいは法の解釈として正しいとは限りません。場合によっては、多数意見よりも、少数者（少数民族、障害者、こども、お年寄りなど）の権利保障を重視することが、法的には必要なこともあります。職員は、こうしたことも頭に入れて、しごとをしなければなりません。常に、憲法の基本的人権・民主主義という原点を意識してください。

（5）審査請求や裁判を忌み嫌わないように

　日本では、裁判を起こしたり、裁判になることを「裁判沙汰（さいばんざた）」と称して、それ自体を悪いことのように受けとめる感覚があります。職員が審査請求（→ 219頁）や訴訟を提起されることは悪いことだと考え、こうしたことが起きないように行動するのが、その典型です。職員が、審査請求をした住民に、その取下げを半ば強要するように求めることも、珍しくありません。

　しかし、日本は法治国家です。法の解釈の相違が住民と行政機関・職員との間に生じれば、それは最終的には裁判の場で決着をつけるべきものです。だれもが、**裁判を受ける権利**（憲32）をもっています。住民が裁判に訴えることで不利益を受けることがあってはいけません。また、審査請求や訴えの提起があった関係職員を、「しごとができない」とか、「しごとがまずかった」と決めつけてはならないのです。自治体やその機関の法の解釈が間違っていることも、住民の考えが誤っていることも、あるからです。

　職員は、自らの法的判断が誤っていなければ、その正当性を審査請求や裁判の手続のなかで説明すべきです。それゆえ、審査請求や裁判が起こされるのをいやがらないように、職員は、日ごろから、法解釈の能力を磨（みが）いておかなければなりません。

第2章

自治体職員なら
これくらいの法務能力を

1　法はいつもそばにある

（1）「法」とは何かを探る

（ア）社会規範としての「法」

　これまで「法」をとくに定義せずに、地方自治と自治体法務について説明してきました。そこで、この章では、まず「法」とは何かについて考えてみましょう。

　法は、どのような関係で何を決めているものなのでしょうか。南海の孤島にひとりだけで暮らすときは、何事も自分の考えだけで決められるので、そこに法は必要ありません。ほかの人があらわれてはじめて生活をするうえでの何らかのルールが必要になります。どのような場合にどのような行為ができるのか、どのような行為をすべきなのかを定めるためです。そして、このルールを「規範」と呼びます。自分以外の人との関係が生じる状態を社会というならば、法は、社会の規範（社会規範）のひとつであるといえます。「社会あるところに法あり」といわれるゆえんです。

（イ）他の社会規範（道徳など）と法の違い

　社会規範は、「法」だけではありません。礼儀、道徳、宗教も、社会規範のひとつです。それでは、法とこれらの社会規範は、どこが違うのでしょうか。

　たとえば、親不孝といった不道徳なことや、路上で知人にあっても挨拶しないといった礼儀に反したことをしても、それが犯罪だからと処罰を受けることはありません。一方、他人の物を盗むと窃盗罪として処罰されます（刑法235）。

つまり、法は、その対象となる人の意思にかかわりなく、彼らにその内容を強制できることに、道徳や礼儀などとの違いがあるのです（**法の強要性**）。

また、盗みを犯罪として処罰するためには、国会が、それを犯罪として処罰する旨を定める法律を定めなければなりません。適正な手続で裁判をする裁判所も必要です。盗みをした人を逮捕したり、起訴したりする組織も必要ですし、刑務所などの刑事施設やそのための体制も必要でしょう。このように法は、一定の公的なシステム（制度）に支えられてはじめて成り立つ社会規範なのです。これも、ほかの社会規範とは異なることです。

さらに、処罰されるということを国民が受け入れなければ、法（刑法）は、実際には機能しません（**法の実効性**）。かつてアメリカでは禁酒法を制定しましたが、国民はこれを受け入れず、密造酒が横行しました。その結果、この法律は10年あまりで廃止されました。なお、法以外の社会規範も、実効性を伴わなければ規範としての存在価値があまりありません。

もちろん、法と道徳などほかの社会規範とは無関係ではありません。窃盗罪が国民に受け入れられるのは、物を盗むことはいけないことだという社会的な合意があるからです。道徳などが法を下支えしているのです。

（ウ）規範のさまざまな性格

法の意味をもっとはっきりさせるために、規範のいろいろな性格について考えてみます。

裁判によって窃盗罪が成立すれば、犯罪を犯した人は所定の刑罰に服することになります。これは、刑法という法律が、裁判官に対して、窃盗罪が成立する場合には窃盗（盗み）を犯したときに「○

第2章　自治体職員ならこれくらいの法務能力を

○の刑を科すべきである」ということを命じているからです。このように、裁判官が裁判を行うための基準を定める規範を**裁判規範**といいます。この関係を国民の側からみると、法（刑法）は、国民に、他人の物を盗むなということを命じていることになります。これを、一定の行為を指し示す規範という意味で**行為規範**といいます。ところで、裁判所はなぜ裁判をすることができるのでしょうか。そもそも、裁判所という組織は、なぜ存在し得るのでしょうか。それは、法（憲法や憲法に基づく裁判所法）が、裁判所という組織の存在を認め、裁判をするという権限を与えているからです。このように、組織を作ったり、一定の権限を与えたりする規範を**組織規範**といいます。法は、これらの規範によって構成されるシステムであるということができます。

（2）「法」にはどのようなものがあるか

それでは、法は、具体的にはどのような形であらわれるのでしょうか。これは、「**法の存在形式**」または「**法源**」の問題として扱われます。まず、法は、おおまかに、成文法と不文法に分かれます。

（ア）成文法

成文法というのは、法律や条例のように、それを制定する権限をもつ統治機関が適正な手続に従い**文書の形式で定めた法**のことです。**制定法**ということもあります。自治体法務では成文法が重要ですので、この章の2で、自治体の活動にかかわる成文法について、具体的に説明します（→62頁）。

（イ）不文法

成文法以外の法を、**不文法**といいます。その主なものをみていき

ましょう。

a　慣習法

慣習というのは、**社会において繰り返しあらわれる一定の行動様式**のことです。そして、その社会を構成する人々が、慣習を自分たちの行動を正当化したり、他人の行動の要求・非難の理由として用いるようになったりします。そうして、人々がその慣習を法（**慣習法**）であると確信したときに、慣習は法（**慣習法**）になります。ただし、具体的に何が慣習法になるのか判断するのは難しいものです。

b　条理

条理とは、**社会生活において相当多数の人々が承認している道理・筋道**のことです。**事物の本性**とか、**法の一般原則**と呼ぶこともあります。裁判所は、訴えのあった法的な事件について、成文法がなければ慣習法を探し、慣習法がなければ、最後のよりどころとして条理を基準として裁判をします。ただし、信義誠実の原則（→76頁）など、条理（法の一般原則）の一部は法律に根拠がありますので、条理によることを明示して裁判をすることは、あまりありません。また、何が条理なのかも、難しい問題です。このテキストでは、法の一般原則のところで説明します（→75頁）。

c　判例

裁判事件では、過去の同様の事件における裁判での判断が先例となって、一般的な規準のような機能を果たしています。とくに、最高裁判所の判断は、裁判の実務で強い影響力をもっています。このように**事実上先例としての機能を果たしている裁判**を、**判例**と呼ぶことにします。判例は裁判規範であると断言できませんので、「法」であると言い切るのは難しいかもしれません。しかし、判例が裁判所における法的な判断を統一する機能を果たしていることなどから、こ

第2章　自治体職員ならこれくらいの法務能力を

のテキストでは判例を「法」に準じたものと考えておきます。

（3）法治主義としごと

（ア）法治主義

　以上の「法」についての理解を前提として、自治体のしごとと法の関係で重要な原則について考えてみましょう。

　まず、最も重要な原則は、「**法治主義**」の原則です。自治体においてこの原則は、**自治体の活動は法によって規律（コントロール）されなければならない**ということを意味します。

　この「法治主義」の原則は、近代・現代国家の歴史として、広範な権力をもつ君主や、行政当局から国民の自由・財産を守るために生まれたものです。そこで、一般に法治主義というときの法は、国民の権利や利益を守り、その充実を図るという目的をもつものを、典型例として想定しています。

（イ）法律による行政の原理・法の支配

　さきにみたように法にはいろいろなものがあります（→58頁）。そのなかでも、自治体の活動を規律するという点では、社会を構成する人々（国民・住民）の代表者が定めた法律や条例（→64頁）が、最もふさわしい法です。そこで、国民・住民の代表者が定めた法律や条例によって、自治体の活動、とくに、自治体行政を規律する（拘束する）という考え方を**法律による行政の原理**と呼びます。この原理でいう「法律」には、条例を含めます。また、この原理は、行政活動は法律に違反してはならないという原則（法律の優位）と、行政活動には法律の根拠が必要であるという原則（**法律の留保**）を導いています（〔**コラム5**〕→61頁）。

60

1　法はいつもそばにある

　なお、イギリスやアメリカなどの国々では「**法の支配（Rule of Law）**」という法の原則があります。その意味内容は一様ではありませんが、その基本は、「人の支配ではなく、法の支配を」という願いから出発していったものです。

　「法治主義」と「法の支配」の内容は、第2次世界大戦が終了するまではかなり違っていましたが、今日では、両者の説く中身は似ているものになっていると、われわれ編者は考えます。

（ウ）自治体職員のしごとと法

　法治主義、法律による行政の原理、法の支配。どの考え方も、おおまかにいうと、自治体職員は、法に基づいて（従って）しごとをしなければならないということを意味します。それには、しごとの根拠となっている法を正しく理解することが必要です。しかし、このことは、自分のしごとに直接かかわる法（成文法）だけを考えればよいということを意味するものではありません。すでにある法、とくに成文法を、永遠に不変で絶対のものであるかのように考えてもいけません。

　法は、変わっていきます。社会経済情勢の変動により、今まで法

〔コラム5〕行政活動の法的根拠

　およそあらゆる行政活動に法律・条例の根拠が必要かどうかについては議論があります。ただ、少なくとも課税をしたり、公共事業のため土地を強制的に収用したり、建築物を除去したりするなどの**国民（住民）の権利を制限したり、義務を課したりする権限を自治体がもつためには、法律・条例の根拠が必要です**（地方自治法14Ⅱ参照。→67頁）。なお、自治体の組織の基本的な事柄は条例で定めますし（→108頁）、その活動には予算の議決や決算の認定を通じて議会の規律が及びます。したがって、議会が全く関与しない自治体の活動領域はないと考えて差しつかえありません。

61

であったものが法でなくなったり、道徳や礼儀に属する社会規範が
法になったりすることもあるのです。

　たとえば、不倫はかつて犯罪でした（姦通罪。戦前の刑法の規定）が、
今は、刑法のうえでは罪ではなく、道徳の次元の問題です。ただし、
個人間のいわゆる民事法では、損害賠償の問題になり得ます。一方、
最近では、従前マナーの問題とされてきたゴミのポイ捨てや路上で
の喫煙を条例で禁止し、さらには、その違反者に罰則を設ける自治
体が出てきました（マナーから法規範へ）。

　さて、条例を制定するときの多くは、自治体職員がその立案にた
ずさわります。職員は、住民とともに、法の執行だけではなく、法
の形成にもたずさわっていることになります。さきに、法は公的な
システムによって支えられている社会規範だといいました。このシ
ステムには、法を形成し、運用する人々も重要な役割を果たします。
裁判官、検事、弁護士といった法律家だけでなく、国会・議会議員、
国民・住民、そして自治体職員も、このシステムの重要な担い手な
のです。さらに、職員は、自らのしごとについて、どのような法に
基づいているのかということと、それが正しくて妥当であるという
ことについて、住民に説明する義務・責任があります。ですから、
職員は、法が常にそばにあるということを意識し、法を適切に使え
る能力をもつことが重要になります。

2　憲法を頂点とした法の体系

（1）法には体系がある

　自治体は、法に基づいて活動します（→60頁）。この法のうち、

2 憲法を頂点とした法の体系

　不文法については説明しましたので（→58頁）、ここでは、成文法について説明します。法でないけれども、行政実務では、法のように扱ってしまうもの（通達、要綱など）も、あわせて説明します。
　重要なことは、法（成文法）には体系があるということです（【図2-1】）。体系があるということは、法に一定の序列があるということです。
　まず、日本の法の頂点には、日本国憲法（憲法）があります。憲法は、**最高法規**（憲法98Ⅰ）なのです。そして、憲法以外の法として、どのようなものを、どのような効力で認めるかは、憲法が定めます。

【図2-1】法の体系

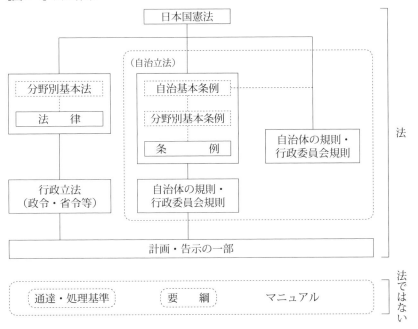

※1　法には、このほか、条約があります（→69頁）。
　2　この図は、自治体（行政機関）と住民の間に特有な法の体系をイメージ化したものです。たとえば、民法や刑法は、これら法令全体を横からカバーしているものと想像してください。

第2章　自治体職員ならこれくらいの法務能力を

自治体の活動にかかわるものについていえば、法律（憲59）、政令（憲73⑥）、条例（憲94）がこれです。これら以外の法の種類、効力は、憲法に基づく法律が定めます。省令（国家行政組織法12Ⅰ）などが、これにあたります。

　法の体系で下位にあるものは、上位の法に反してはいけません。反する場合には、効力がありません（無効。憲98Ⅰ）。

（2）憲法

　（1）で述べたように、憲法は、日本国の最高法規です。そして、憲法に反する下位の法が無効となるのは、憲法が、国会・自治体の立法権や、国・自治体の行政機関の活動の基礎になっているからです。国（中央政府）も自治体（地方政府）も、憲法があるからこそ存在できるのです。なお、国も自治体も、その活動の存在目的が、憲法が保障する国民（住民）の基本的人権の実現にあることを忘れてはいけません（憲11・99）。

（3）法律と条例・規則

（ア）法律
　憲法の定める手続に従い、国会の議決を経て制定する法が「法律」です（憲59）。法律は、「○○法」（例、行政手続法）とか「○○に関する法律」（例、地方教育行政の組織及び運営に関する法律）といった題名（→82頁）がついています。現在約2,000件の法律があります。少なくともその3分の1は、自治体の活動にも関係しています。

　国会は**国権の最高機関**ですから（憲41）、国会が定める「法律」

64

は憲法につぐ上位にある法として位置します。なお、国民の権利を制限し、あるいは義務を課したり、さらには犯罪を定めて刑罰を科したりするには、必ず、法律を定めなければなりません（法治主義→60頁、および憲31（**罪刑法定主義**））。

（イ）自治立法

自治体（の機関）が定める法を**自治立法**と呼びます。このテキストでは、つぎの条例と規則を、自治立法として説明します。自治立法は、法律の範囲内（憲94）という制約はあるものの、国会や国の行政機関が定める法の体系の下にあるわけではなく、憲法に基づきこれらの法令とは独立した体系をもつものです。自治立法は、基本的には、その自治体の区域内にしか、その効力が及びません。

a 条例

自治体の議会が議決を経て制定する自治立法が、**条例**です。議会は住民の代表で構成されていますから、条例は、住民全体の約束事ということができます。条例は、「A県○○（に関する）条例」というように、題名の冒頭にその自治体の名称をつけるのが一般的です。

条例は、自治体が処理する事務（自治2Ⅱ。→42頁）にかんして、法律の範囲内で（法令に違反しない限り）定めることができます（憲94、自治14Ⅰ）。ここでいう法令とは、法律や国の行政機関が定める命令のことです。つぎの規則について述べるところの「法令」も同じです。なお、国（や市町村においては都道府県）が果たすべき役割にかかわる法定受託事務についても、その自治体で条例を定めることができます。

先にみた【図2-1】は、条例を、自治基本条例、分野別基本条例、その他の条例に区分し、これらの間に上下関係があるように示しています。**自治基本条例**は、日本国憲法にならって、各自治体の

第2章　自治体職員ならこれくらいの法務能力を

主権者である住民の政府機構への信託のかたちや住民の基本的な権利を定める、自治立法の最上位の法として構想されています（〔**コラム6**〕参照）。憲法が国家の法の序列を定めるように、自治基本条例には、分野別基本条例、その他の条例、規則などの自治立法の序列を定めることが求められます。

　条例は、法律とは別の体系にあり、法律の定めのある同一の行政分野においても、法律が対象としている同一の事項についても制定することができます。また、法律の定めでは不十分であるとして条例を制定することもあります。このため、条例と法律が抵触する事態が考えられます。そこで憲法は、条例の制定について「**法律の範囲内**」という制約を設け、両者の間の調整を図っているのです。しかし、条例のほうが一方的に法律違反となるわけではありません。まず、法律のほうが「地方自治の本旨」にのっとったものでなけれ

〔**コラム6**〕**自治基本条例・議会基本条例**

　自治基本条例は、2000年に制定され、2001年4月に施行された北海道ニセコ町の「まちづくり基本条例」に始まり、すでに350ほどの自治体で制定されています。最上位の法として機能するからには、自治体（職員）のあらゆる活動に、その条例の趣旨は及びます。また、最近では、自治基本条例の議会版ともいえる議会活動にかんする基本的な事項を定めた議会基本条例も、全国各地で多数制定されています。ただ、これらの基本条例は、憲法と同様に、抽象的な内容の条項が大多数です。すると、条例が抽象的・理念的な内容のまま、これを具体化する施策が何にもなされなければ、基本条例は、法としての意義が乏しくなり、かえって誰も基本条例をはじめとした法を守らなくなってしまうおそれがあります。そこで、各条項の規定目的や内容を具体化するための条例や政策・施策を実際に行うことが大切ですし、職員・議員や住民自身もこれらの条例を常に意識し、実践する心構えが必要になります。

ばなりません（自治2 XI）。そのうえで、条例が法律に違反するかどうかを、両者の対象事項と規定文言を形式的に対比するのではなく、両者の趣旨、目的、内容および効果を比較して判断するのです（徳島市公安条例事件。最判1975（昭和50）年9月10日判例時報787号24頁）。ただし、この基準も、法律の「趣旨・目的」の定め方や解釈次第で条例制定を否定できるものです。

　これに加え、今日では、国の役割は外交など国際社会における国家の存立にかかわることや通貨制度など全国的に統一して定めるべきことなどに重点化し、住民に身近な行政は広く自治体の役割とする、役割分担の原則が地方自治法で明記されました（自治1の2）。そして、その役割分担の原則が法律の立法・解釈の原則になっています（自治2 XI、XII）。さらに、自治体が地域の特性に応じて事務処理ができるように配慮すべきことも、法律の立法・解釈の原則です（自治2 XIII）。したがって、地域の公共的な問題に法的に対処する場合、基本的にはすべて、その地域の自治体が条例を定めることができるのです。ただし、条例を定めればどんなことでも規定できるというわけではありません。

　自治立法には規則もありますが、住民の権利を制限したり、義務を課したりするには（〔**コラム5**〕→61頁）、法令に特別な定めがある場合を除き、これを条例で定めなければなりません（自治14 II）。ここで、法令の特別な定めは、ごくわずかと考えてください。

　また、自治体は、条例で、条例違反者に対し、刑事罰（2年以下の懲役・禁錮刑や100万円以下の罰金、科料など）を科し、または行政上の秩序罰（→247頁）である過料（5万円以下）を科する旨の規定を設けることができます（自治14 III）。個々の法律で、自治体の活動や組織運営について条例を定めることを義務づけることも、数多

くあります（例、自治4Ⅰ）。

　ところで、条例で定めなければならない事項は、法律で義務づけられている事項だけでよいのでしょうか。これだけだとすると、自治体の役割の中心である福祉サービスなどの分野を条例事項から除外してしまうことになります。ですが、特定の行政上のサービスを受けることについて住民に請求する権利があるという制度をつくるときなど、住民福祉のための重要な事項は住民の代表である議会の議決を経て、条例で定めることが、住民自治の考え方からは、ふさわしいでしょう。こうしたことを盛り込む自治立法の指針を自治基本条例（→65頁）で定めることが望まれます。

b　規則

　自治体の長や行政委員会（→111頁）**が制定する自治立法**が、**規則**です。自治体の長の定める規則は、法令に違反しない範囲（自治15Ⅰ）で定めます。行政委員会の定める規則（行政委員会規則）は、法令、条例（そして自治体の長の定める規則）に違反しない範囲（自治138の4Ⅱ、地方教育行政の組織及び運営に関する法律15Ⅰ等）で定めます。

c　自治体間の条例の関係

　市町村（特別区を含みます。）同士または都道府県同士の間で、条例の優劣関係は生じません。また、都道府県と市町村は、お互いに独立した対等な自治体です。したがって、都道府県が市町村の事務にかんして条例を制定することも、その逆のことも、基本的にはできません。ただし、都道府県が処理する自治事務・法定受託事務を、例外的に市町村や広域連合（地方公共団体の組合の一種）で処理するためのしくみ（都道府県条例による事務処理の特例制度）があります（〔コラム21〕→179頁）。また、市町村および特別区は、当該都

2 憲法を頂点とした法の体系

道府県の条例に違反してその事務を処理してはなりません（自治2
XVI）。都道府県と市町村はその事務処理が相互に競合しないように
しなければならない（自治2Ⅵ）ので、都道府県条例と市町村条例
が抵触することはないはずです。しかし、もともと市町村・都道府
県のどちらの事務なのか区別があいまいなため、同一目的の条例が
両者で制定されることも考えられます。こういった場合、地方自治
法2条16項も考慮しつつ、事務配分の市町村優位の原則（自治2Ⅲ）
を踏まえて、その市町村条例が適用される場合には、同目的の都道
府県条例は適用されないように都道府県条例を工夫することが望ま
れます（例、神奈川県環境影響評価条例）。

　（ウ）条約
　**国家や国際機関の間で、文書の形式により、かつ、国際法の規律
に従って締結する国際的な合意**のことを、**条約**といいます。自治体
行政にかかわる条約は、自治体を規律する法となります。条約には、
日本で法律を定めてはじめて具体的に効力を有するものと、法律を
制定しなくても直ちに条約自身が法として効力をもつものがありま
す。
　近年、国際化が進み、各国の政府間の取決めが、自治体の行政運
営などに直接的に大きな影響を及ぼすことが考えられるようになり
ました。自治体は、国内法のことだけではなく、条約などについて
も目配りをしておかなければなりません。

（4）国の行政機関が定める命令—国の行政立法

　国会の議決によらず、**国の行政機関が定める法令**を、法律の用語
上は**命令**といいます。この語は、「上司が部下に命令する」といった、

69

一般的な用法でいう「命令」と意味内容が全く異なり、紛らわしいものです。そこで、このテキストでは、これを**国の行政立法**または単に**行政立法**と呼ぶことにします。なお、「行政立法」という言葉の意味は、論者によって異なりますので、他の文献・テキストを読むときは、注意してください。

　国の行政立法は、制定の権限をもつもの（制定権者）が誰であるかによって、政令、省令等に分かれます。以下、自治体にかかわりの深い政令と省令・内閣府令・復興庁令について述べます。

　なお、行政立法は、憲法を実施するための政令を除き、法律から独立して行政機関が制定することはできません。

（ア）政令

　内閣が制定する行政立法を**政令**といいます。政令は、憲法に根拠があります。政令には、憲法および法律の規定を実施するために制定するもの（憲法73⑥）と、法律の委任に基づいて制定するものがあります。「○○法施行令」という題名であれば、それは、政令です。

（イ）省令・内閣府令・復興庁令

　国の行政機関のうち、国土交通省や文部科学省などの**各省の長**（大臣）**が制定する行政立法**を**省令**といいます。国家行政組織法に根拠があります。省令には、法律および政令を施行するために制定するものと、法律または政令の特別の委任に基づいて制定するものがあります（国家行政組織法12Ⅰ）。「○○法施行規則」という題名をもつものの多くは、省令です。もちろん、「規則」という題名になっていても、自治立法としての規則（→68頁）とは、その性格が異なります。

　なお、**内閣府のしごとについては内閣総理大臣が内閣府令**（内閣

府設置法7Ⅲ）を制定することができます。また、**内閣総理大臣は、**復興庁に係る主任の行政事務について、法律もしくは政令を施行するため、または法律もしくは政令の特別の委任に基づいて、復興庁の命令として**復興庁令を発する**ことができます（復興庁設置法7Ⅲ）。

（5）法を構成する告示

公の機関が一定の事項・事実を、官報（公報）などによって公式に、広く一般に知らせる行為を告示といいます（内閣府7Ⅴ、行組14Ⅰ、復興庁7Ⅴ参照）。告示の法的な性質は、その内容によってまちまちですが、そのなかには、国の行政立法の細目的なもので法の一部を構成する（裁判規範になる）ものがあります。たとえば、「生活保護法による保護の基準」（1963年厚生省告示）が、これにあたります。

（6）自治体運営の基本指針─基本構想・総合計画

住民の生活は業務ごとに分割されて「タテワリ」になっているわけではありません。自治体は総合的な運営をすることが必要です（自治1の2Ⅰ→118頁）。そして、自治体が総合的な行政を行うためには、自治体の活動の全分野にわたる横断的・総合的な計画を定めて、その計画に沿った行政運営を進めていくことが適切です。

市町村および都道府県の大多数は、法律上の義務ではありませんが、その自治体の将来像やまちづくりの基本方向を定めた、基本構想や総合計画を策定して、その基本構想・総合計画に基づいた行政運営を進めています。

第2章　自治体職員ならこれくらいの法務能力を

（7）法の施行

　法の効力が、現実に国民（住民）の社会経済生活や統治機関の活動に及び、作用することを**法の施行**といいます。法は、それぞれが所定の手続を経て成立した場合に、その法の定めるところに従って施行されます。この所定の手続のために必要となるのが、法の公布です。
　この**法の公布**とは、**成立した法を一般に周知させる目的で、これを公示する行為**のことです。法律や国の行政立法、条約の公布は、官報によって行っています（慣習）。自治立法についても、その施行のためには公布が必要です（自治16Ⅱ・Ⅴ）。そして、自治立法の公布については、条例で定めます（自治16Ⅳ。これを「公告式条例」といいます。）。公告式条例では、都道府県や大規模な市は官報に似た公報によって、その他の自治体は事務所の掲示場に掲示することによって公布すると定めるのが一般的です。

（8）法ではないもの

（ア）国や都道府県からの通達・訓令
　上級の行政機関が下級の行政機関に対して、一定の事実や活動について文書で知らせることを**通達**といいます。具体的に**下級の行政機関の行動を指揮するために発する命令**（通常の意味での「命令」のことです。）のことを**訓令**といいます（内閣府7Ⅵ、行組14Ⅱ、復興庁7Ⅵ）。国家行政組織法等は訓令と通達を分けて規定していますので、両者が重なることはないという解釈に立っています。いずれにせよ、通達・訓令の定義は確立していませんので、これらの定義は、

2　憲法を頂点とした法の体系

このテキストだけで使うものです。通達・訓令の内容はまちまちであり、法律・行政立法の解釈や運用指針、さまざまな様式など、職務の運営のための細目的事項まで、ありとあらゆることを定めています。

　通達・訓令は、法ではありません。したがって、その内容は、住民を直接拘束しません。しかし、訓令は、下級行政機関に対する命令として職員を拘束します。そのため、訓令違反があると、上級行政機関が正しい措置をとるよう指示したり、代わって行ったりすることになります。

　また、国の機関が自治体の機関に対して訓令を発しているようにみえるものがあります。しかし、これは、ここでいう上級行政機関が下級行政機関に対して発する訓令とは法的な性格が異なるものです（→ 96 頁）。

　（イ）規程

　自治体の機関が、「○○規程」と名のつくものを定めることがあります（〔**コラム7**〕参照）。その多くは、自治体の機関のなかで上

〔**コラム7**〕**いろいろな規程**

　「○○規程」と名のつくものには、訓令以外の性格をもつものがあります。
・国の行政立法であるもの ― 地方自治法施行規程（政令）
・条例であるもの ― 自治体施行の「○○区画整理事業施行規程」（土地区画整理法 52 Ⅰ・53 Ⅰ）。
・企業管理規程であるもの―企業管理規程とは、地方公営企業の管理者（→ 110 頁）が、条例、規則に反しない限りで、その業務にかんして定めるものです（地方公営企業法 10）。企業管理規程は、「法」ではありません。ただし、住民にかかわる事項で一般の行政部局であれば規則で定めるものと同様の内容を管理規程で定めることが多くあります。

73

級機関（執行機関）が下級機関（補助機関）に対して発する訓令にあたるものです。したがって、訓令としての規程は法ではありませんので、住民を拘束しません。また、国における通達と同様に、自治体においても、長や行政委員会等がその補助機関に対して発する通達があります。これも、住民に対しては、法とはなりません。

（ウ）要綱

　自治体が、「必要な」行政ニーズに対して、法律がないとか条例を制定できないということだけを理由にしていて何もしないのでは、住民は、自治体を信頼しなくなるでしょう。そもそも、住民の権利の充実や生活の向上を任務とする自治体は、こうした状況を放置しておくわけにはいきません。

　そこで、自治体のなかには、緊急的な対応をするために必要な施策を行政指導（→ 189頁）によって行うこととし、その指導のための基準を指導要綱という形で策定し、必要な指導を行っていることがあります。このようなしごとの進め方を**要綱行政**といいます。かつて要綱行政は、とくに都市開発・建設関係の行政において力を発揮し、多くの自治体がいわゆる開発指導要綱を作りました。

　要綱が果たしてきている役割は、評価しなければなりません。しかし、要綱は、法ではないので、住民を拘束するものではありません。事業者が要綱に従わないと表明すればそれまでです。職員は、要綱を法と考える意識を捨てなければなりません。

（9）マニュアル行政

　国の中央省庁は、法律案を作成し、成立した法律の実施細則を政令や省令で定め、それらで足りないことを、事務処理の要綱・要領（通

達）で定めます。そして、これらや、行政実務にとって都合のよい過去の実例（「行政実例」といいます。）をまとめたマニュアル（事務処理の標準を示す手引き）を作り、自治体に示してきました。自治体の組織に十分な行政能力がない場合にその事務処理につきある程度の質を維持するには、こうしたマニュアルは有意義です。また、自治体組織内部的には、職員の秘伝・口伝や前例の束よりも、マニュアルをまとめた方が、効率的な事務処理を行えます。

　しかし、マニュアルでは、本来の法規範とそうでないもの（法の解釈や運用の指針、要綱等）が混じり合って区別がつきにくくなることが往々にしてあります。マニュアルに定めていないことでも、具体的な事例における法の解釈にあっては適法かつ妥当なこともあります。マニュアルの内容のみを根拠として、法的な正当性を住民に主張・説明することはできません。職員は、マニュアルを参考としながらも、関係法令そのものの条文を読み、自分の判断と責任でその内容を解釈しながら、具体的な事案・しごとを処理しなければなりません。

3 「法の一般原則」は自治体にも及ぶ

（1）「法の一般原則」とは何か

　これまで自治体を規律する「法」のうち成文法について説明しました。つぎに、残る不文法のうち、法の一般原則について説明します。そうすると、法の一般原則とは何かを明らかにすることが、最初に必要となります。本章の1では、これを条理ともいい、「……人々が承認している道理・筋道」と定義しました（→59頁）。ここでは、

第2章　自治体職員ならこれくらいの法務能力を

法の一般原則を、「**行政法とか民法とか、個別の法の分野を超えて一般的、普遍的に存在する法の原則**」と言い直します。何が法の一般原則にあたるかについてはいくつかの考え方がありますが、自治体ではつぎの原則が法の一般原則として大切です。

　（ア）平等原則

　まず、**平等原則**です。この原則は、日本国憲法が法の下の平等を基本的人権として保障していますので（憲法14 I）、憲法上の原則でもあります。しかし、この原則は、この憲法の規定がなくても当然に従わなければならない法の一般原則です。なお、平等原則といってもすべて同じにしなければならないということではありません。**合理的な理由もなく異なる取扱いをすることを許さない**ということです。

　たとえば、公共施設に設置するエレベーターを高齢者・障害者専用のものとしても、その取扱いが、直ちに、平等原則違反で違法になるということにはなりません。しかし、町長の後援会役員だから応募期間を過ぎていても彼の許可申請だけは受けつけるとか、町議の親戚の会社という理由だけで入札をせずに公共工事のしごとを回すといった特別扱いはできません。また、法令の解釈を間違えて課税すべき地方税を課税していなかったところ、その間違いに気づいた場合に、意図的にある人にだけ課税するということもできません。課税することが法令に従ったやり方であるとしても、平等原則違反で違法な課税となるのです。法令（成文法）に形式的に従ったことでも、法の一般原則によって違法になることもあるということです。

　（イ）信義誠実の原則

　つぎに、**信義誠実の原則**があります。これは、「**信義則**」ともいいます。民法1条2項は、「権利の行使及び義務の履行は、信義に

76

従い誠実に行わなければならない。」と規定しています。これは、民法だけの原則ではなく、法全体に通じる一般原則を、民法のなかで規定したものです。行政活動においても従わなければならない原則なのです。

行政実務や裁判実務においてこの原則は、自らした言動と異なる行為を禁止する**禁反言の法理**として機能することがあります。この法理は、英語で「**エストッペル（estoppel）**」といいます。

たとえば、地方税の担当職員が、税条例の規定上は免除とならないのに、ある人に対して、特別措置の適用を受けることができて税が免除となるという誤った助言を行ったとします。その人がそれを信じて土地等を購入し、事業を始めたところ、じつは特別措置の適用対象にはならないとして課税することができるのでしょうか。課税行為は、地方税にかんする法令には適合していても、信義誠実の原則または禁反言の法理からできないこともあり得ます。法令に形式的に従うことがかえって違法になり得ることを示しています。

（ウ）比例原則

さらに、**比例原則**があります。端的にいうと、これは、**目的と手段がバランスのとれたものでなければならない**という原則です。

たとえば、許可後の軽微な届出ミスを理由として、許可を取り消す（→183頁）ことはできないのです。職員に対する懲戒処分（→78頁）も、懲戒の理由となったこと（懲戒事由）と処分との間で著しく均衡を欠く場合は、比例原則に反するので違法になります。

（エ）権利（権限）濫用の禁止の原則

民法1条3項は、「権利の濫用は、これを許さない。」と規定しています。これは、「形式的、外形的には正当な権利の行使のようにみえるけれども、実質的には、社会的な制約である限界を超え、正

当な権利の行使といえないものを認めない」ということです。行政が、形式的外形的には適法な権限を行使するようにみえても、実質的にはその本来の使命を逸脱しているような場合、法は、そのような行政による権限の行使を権限の濫用として許さないのです。

（2）行政の「裁量」と法の一般原則

　自治体職員に対する懲戒処分は、地方公務員法で定める事由による場合に、この法律で定める種類の処分しかできません（地方公務員法27Ⅲ・29Ⅰ）。しかし、それは、道路交通法違反の場合のように、違反の内容とそれに対応する行政処分を細かく規定しているわけではありません。懲戒処分をするかどうか、処分するとしてどの処分をするかは、処分をする権限のある者（任命権者）に判断の余地があります。このように、**決定をする者に法が与えている判断の余地を裁量**といいます。

　法が自治体（行政）のすべての活動内容についてあらかじめ詳細に規定することは、ほとんど不可能です。ですから、自治体の活動において裁量は、不可欠です。裁量は、懲戒処分などの行政処分（→180頁）だけでなく、たとえば、調査をするかどうか、どのような調査をするのかなど、自治体のさまざまな活動に存在します。ただし、裁量の内容や程度は、活動の種類などにより、さまざまです。

　裁量は、無制限ではありません。法の一般原則は、裁量に対する制約として機能します。たとえば、比例原則に違反する場合は、裁量にゆきすぎがあることになります。また、新婚で妬ましいということだけで、部下に対して、単身赴任となるようないやがらせの配置転換をするというのは、任命権者の裁量権の濫用になります。ゆ

きすぎや濫用がある場合は、裁量がある事項でも違法となります（行政事件訴訟法30参照）。

さらに、裁量のある行政の決定については、決定の内容が誤っていないかだけでなく、決定に至る過程、手続が適正なものであるかどうかも問題になります（→183頁）。窓口での対応、通知や連絡の仕方など、最終的な行政の決定に関係する一切の職員の行為が法的な問題となるのです。

4　法令の読み方は

（1）六法全書と例規集

自治体法務に関係のある法令や条例などの法（この4では、すべてまとめて「法令」と表記します）は、多岐にわたります。そこで、業務ですぐに利用するための法令を収録する法令集のほかに、すべての分野にわたる法令を収録したものを、職場に備えておく必要があります。『六法全書』、『例規集』などと呼んでいる法令集です。

この『六法全書』とは、重要な現行の法律（一部の政令・条例・条約を含む。）を、数多く収録した法令集のことです。『例規集』とは、各自治体において、現行の条例と規則などを収録した自治立法の法令集のことです。名称は、例規類集、規程類集、令規集など自治体によりさまざまです。例規集の多くは加除式になっています。なお、例規集には、自治立法などの「法」以外のもの（要綱など）を収録することがあります。

最近では、法令集や、新規制定条例などを載せた公報をインターネット上で公開しているサイトもありますし、多くの自治体で例規

第2章　自治体職員ならこれくらいの法務能力を

集をホームページ上に公開しています。

　行政の活動にかかわる法令は、かなり頻繁に改正や廃止があります。職員は、事務処理をするときは、最新版の法令集を使用しなければなりません。

（2）　重要な法令の分類

（ア）　一般法と特別法

　ある事項について一般的に規定した法令がある場合に、そのうちのある特定の人、物、地域、事項等について、これと違った内容を定める法令があるときは、前者を**一般法**といい、後者を**特別法**といいます。

　たとえば、民法と会社法では、民法が一般法に、会社法が特別法になります。ただし、この分類は相対的です。会社法と銀行法では、会社法が一般法に、銀行法が特別法になります。

　一般法と特別法の考え方は、同じ種類の法令同士の間の効力と、それらの適用の順序を明確にするために重要です。ある事項について、一般法と特別法があるときは、特別法の対象については、特別

〔コラム8〕実定法と自然法

　実体法に似た言葉で**実定法**というものがあります。これは、人間が作り出した法（例、制定法、慣習法）のことをいうもので、このテキストでいう「法」と考えて差しつかえありません。実定法の対になっているのは**自然法**です。これは、人間の自然的理性に基づき、実定法を超えて普遍的に存在する法のことです。なお、行政法の文献や教科書で「実定法」というときは、成文法のことと考えてよいです。そこで、このテキストでは「実定法」という言葉を用いていません。

80

法の規定をまず優先的に適用するのです。この考え方を特別法優先の原則（「特別法は、一般法に優先する」という原則）といいます。

　（イ）実体法と手続法

　実体法とは、**権利や義務の種類、これらの変動の要件とその効果などについて規定している法令**のことをいいます（〔コラム8〕→80頁）。民法、商法、刑法などです。

　実体法と対比する意味での**手続法**とは、**実体法の規定にある内容を実現するための訴訟手続などを規定している法令**のことをいいます。民事訴訟法、刑事訴訟法、行政事件訴訟法などです。

　（ウ）強行法と任意法

　強行法とは、**当事者の意思によって適用を拒むことができない法令**のことをいいます。民法の物権編、親族編の規定がその例です。自治体・国と住民との間の法的関係について定める法令も、その多くが強行法です。

　任意法とは、**当事者が反対の意思を表示することによって、適用を受けなくてすむ法令**のことをいいます。契約などについて定める民法の債権編の多くの規定が、その例です（→194頁）。

（3）法令の基本的な構造

　法令の構造は、【図2-2】のようになっています。これは、法律の例ですが、他の法令も同様です。このうち、本則と附則に規定する事項について、ポイントを述べます。

　まず、本則には、その法令が目的とする事項についての実質的な規定を盛り込みます。その内容は、法令によってまちまちです。だいたい、①総則的部分（目的規定、定義規定、関係者の責務規定等）、

81

【図 2-2】法令の基本的な構造（法律の場合）

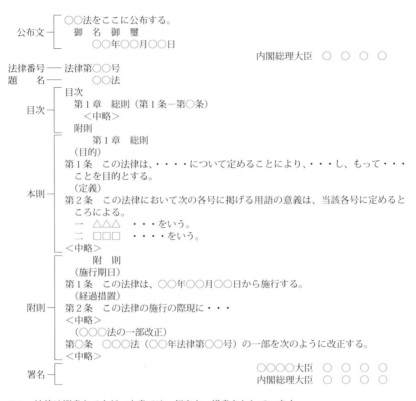

※1　法律は縦書きですが、本書では、便宜上、横書きとしています。
　2　公布文は、公布者が公布の意思を表明する文書であり、法令の一部をなすものではありません。
　3　法律番号は、（一般的には）法令の種類ごとに、暦年で制定順につけます。法律番号も、法令の一部をなすものではありません。
　4　題名のつぎにその法令の由来や制定目的を記した前文がつくことがあります（教育基本法参照）。前文は、法令の一部をなすものです。
　5　目次は、条文数の多い法令で、理解と検索のため章を設けて各条文を分けるような場合につけるものです。目次のない法令も多数あります。
　6　本則の条文は、「条」「項」「号」から成ります。このうち、基本は、「第〇条」の条です。ひとつの条を、規定内容に従って区分するときには、「項」を設けます。項は、いわば、その条の段落です。項は、第 2 項以降を、2、3、4 とアラビア数字で示すことが一般的です（古い法律や行政立法には、項番号のついていないものもあります。）。上記の第 1 条の「この法律は、…を目的とする」の部分を第 1 条第 1 項と呼ぶのです。「号」は、条や項のなかで事物の各称等を列記するときに使用します。号は、国の法令の場合は一、二、三と漢数字で示します。横書きの自治立法の場合、号は、(1)、(2)、(3) と括弧つきのアラビア数字で示すことが多いようです。各号のなかで、さらに列記する必要があるときは、「イ、ロ、ハ…」（国の法令の場合）または「ア、イ、ウ」（横書きの自治立法の場合）で示します。
　7　附則は、長くなければ、「条」ではなく「項」で表記することもあります。この場合の附則第 1 項には、「1」という数字を頭につけます。『六法』は、施行中の法令を収録するものですから、法令の一部の条文の改正があったときは、改正後の条文だけを収録します。そこで、通常『六法』には、一部改正をするための法令の附則は、とくに影響のある規定（施行期日や経過措置の規定）だけを載せます。
　8　法律と政令には、すべて主任の国務大臣が署名し内閣総理大臣が連署します（憲74）。なお、「連署」とは、同じ書面に 2 人以上の人が並べて署名することをいいます。自治立法についても、自治体の長等が署名します（自治 16 Ⅳ）。

②本質的な内容の部分（許認可制度など）、③雑則的部分（是正措置、罰則、その他）に分かれます。②の部分では、時系列あるいは手順に沿ったり、基本・特例の順に、総論・各論の順に、または、住民の権利義務にとって影響の大きい事柄から順に規定することが通例です。

　つぎに、附則には、本則に付随する事項を規定します。具体的には、①その法令の施行期日のほか、必要に応じ、②関係法令の廃止、③経過措置、④関係法令の改正、⑤その他の事項を規定します。

（4）法令を読むときには関係規定・関係法令にも注意を

　法的な問題は、ひとつの法令のひとつの規定（条文）だけで解決できるとは限りません。その規定と一見矛盾するかのような規定が、他の法令や、その法令の別の条文のなかにあることがあります。その場合には、これらの規定が相互にどのような関係にあり、どちらをどのように適用すべきなのかを正しく判断しなければなりません。ある法令の規定を読むときは、必ず、関係する法令や規定がないかどうか、注意しなければなりません。とくに、一般法と特別法の関係（→80頁）を見逃してはいけません。

　また、ある法令のある規定では、細かな内容を決めないで他の法令にその内容を委ねることがあります。許認可等（→183頁）の基準のうち、技術的な細目の基準を法律から政令や省令に委ねる場合が、その例です。こうした場合、他の委任法令をみなければ、その法制度全体を理解することができないのです。

第2章　自治体職員ならこれくらいの法務能力を

（5）具体的な法令の読み方

（ア）前から順に読む

　法令は、ひとつひとつの規定が独立しているわけではなく、いくつもの規定が相互に連携して一定の内容を表現しています。したがって、探し出した法令の関係規定を読むだけでなく、その法令全体の構成を見逃さないように、前から読むことが必要です。

（イ）最後（とくに附則）まで読む

　附則の施行期日には、とくに注意が必要です。他の条項と施行期日が異なっていてまだ施行になっていない条文もあるからです。国民の生活に大きな影響を及ぼす重要な法律や条例の制定改廃には、公布から施行までかなりの準備期間（猶予期間）を設けます。

　また、法令は、一般に「総論・各論」、「基本・特例」の順に規定しています。そして、基本規定が原則的に中心となって働き、特例規定は例外的に働くのが通常です。しかし、ときには基本規定に代わって特例規定が全面的に働いていることがあります。

　たとえば、公文書館法4条2項は「公文書館には、館長、歴史資料として重要な公文書等についての調査研究を行う専門職員その他必要な職員を置くものとする」と規定しています。ところが、その法律の附則2項は「当分の間、地方公共団体が設置する公文書館には、第4条第2項の専門職員を置かないことができる」と定めています。このように、本則（基本規定）を読むだけでは思わぬミスをしますので注意が必要です。

（ウ）規定の内容を算式や図式にして読む

　法令（成文法）は、わかりやすさとともに、正確さを必要とします。

84

4　法令の読み方は

とくに、一般に必要な要件は、条文上で、できるだけ詳細に、かつ、明確に定めようとする傾向にあります。実際に国民の権利義務に関

【図 2-3】図式化して読む（国民年金法 27 条）

（2016 年 6 月現在）

（年金額）
第 27 条　老齢基礎年金の額は、78 万 9 百円に改定率（…）を乗じて得た額（…）とする。ただし、保険料納付済期間の月数が 480 に満たない者に支給する場合は、当該額に、次の各号に掲げる月数を合算した月数（…）を 480 で除して得た数を乗じて得た額とする。
一　保険料納付済期間の月数
二　保険料 4 分の 1 免除期間の月数（…）の 8 分の 7 に相当する月数
三　保険料 4 分の 1 免除期間の月数から前号に規定する保険料 4 分の 1 免除期間の月数を控除して得た月数の 8 分の 3 に相当する月数
四　保険料半額免除期間の月数（…）の 4 分の 3 に相当する月数
五　保険料半額免除期間の月数から前号に規定する保険料半額免除期間の月数を控除して得た月数の 4 分の 1 に相当する月数
六　保険料 4 分の 3 免除期間の月数（…）の 8 分の 5 に相当する月数
七　保険料 4 分の 3 免除期間の月数から前号に規定する保険料 4 分の 3 免除期間の月数を控除して得た月数の 8 分の 1 に相当する月数
八　保険料全額免除期間（…）の月数（…）の 2 分の 1 に相当する月数

図式化

$$780{,}900\ 円 \times \frac{①+②+③+④+⑤+⑥+⑦+⑧}{480}$$

① ＝ 保険料納付済期間の月数

② ＝ 保険料 4 分の 1 免除期間の月数（…） $\times \dfrac{7}{8}$

③ ＝ （保険料 4 分の 1 免除期間－上記②の保険料 4 分の 1 免除期間の月数） $\times \dfrac{3}{8}$

④ ＝ 保険料半額免除期間（…）の月数　 $\times \dfrac{3}{4}$

⑤ ＝ （保険料半額免除期間の月数－上記④の保険料半額免除期間の月数） $\times \dfrac{1}{4}$

⑥ ＝ 保険料 4 分の 3 免除期間の月数（…） $\times \dfrac{5}{8}$

⑦ ＝ （保険料 4 分の 3 免除期間－上記⑥の保険料 4 分の 3 免除期間の月数） $\times \dfrac{1}{8}$

⑧ ＝ （保険料全額免除期間（……）の月数） $\times \dfrac{1}{2}$

第2章　自治体職員ならこれくらいの法務能力を

係が深いものは、解釈がいくつにも分かれ、その結果基本的人権の
保障に影響が出ることなどがないようにとの観点から、複雑な条文
となりがちです。

　そこで、複雑な条文を読む場合は、その内容を算式や図式にする
ことができるときは、算式や図式にします（【図 2-3】参照）。

5　「事実」をどのようにして確定するのか

（1）事実認定とは何か、なぜ事実認定が必要か

　住民から生活保護の申請を受けると、生活保護の実施機関（知事、
市長など）は、保護の要否、程度、方法を決め、申請をした人（申請者）
に通知します（生活保護法 24 Ⅲ）。保護の要否等を決めるときに最
も重要なことは、申請者がどのような生活状態にあるかを正確に把
握することです。また、固定資産税（地方税法 5 Ⅱ②）を課税する場合、
まず、何が課税の対象となる固定資産であるかを正確に確定する必
要があります。このように、**法の執行のために必要な事実を確定す
ること**を、このテキストでは**事実認定**といいます。

　事実認定は、法令の最終的な解釈をつかさどる裁判所でも重要で
す。裁判では、法令の解釈や適用（→88頁）よりも、事実の有無
やその内容が争点となり、その判断（事実認定）によって勝敗が決
まることが多いのです。そこで、裁判所も、実際の事件に法を適用
する場合は、事実認定に、細心の注意を払います。事実が違ってい
ては、正しい法の解釈・適用はできないからです。

　生活保護と固定資産税の例はもとより、自治体のほとんどすべて
のしごとにおいて、職員は、正確な事実認定を行わなければなりま

86

せん。たとえば、ある補助制度があって1団体分の予算があったとします。そのとき、仮に申請者が1団体だけであったとしても、その団体に当然に補助金を出してよいわけではありません。申請者が補助を受ける資格があるかどうかということを、申請者の提出書類や証拠に基づいて認定し、補助の可否を決めなければなりません。大規模開発の前に環境影響評価（〔コラム20〕→177頁）を実施することも、事実認定を正しく行い法的判断に誤りがないようにするというのと、同じ考え方に立つものです。

（2）事実認定にはどのようなことが大切か

事実認定では、つぎのことが重要です。

まず、事実認定は、法を適用するために必要な限度で行います。私人（いわゆる一般の人々）同士の民事訴訟の場合ですと、裁判所（裁判官）は、当事者の弁論（主張）と証拠調べの結果に基づいて、事実認定をし、判決を下します（民事訴訟法247参照）。つまり、裁判官が裁判以外のところで得た個人的な知識は、原則的に、事実として認定することができません。それと同じように、自治体職員も、たまたま自分が知っているような事情や事実を加えて一方当事者の有利または不利に法的な判断をすることはできません。

つぎに、自治体の事実認定は、適法・違法（法に違反する）の判断のみならず、当不当の判断（より妥当な判断）をするために必要な限度で行います。自治体は、住民の信託にこたえ、最大限の成果をあげなければなりませんから、その活動は、法に違反していない（違法でない）だけでなく、より妥当である必要があるのです。それには、法令適用に必要な限度で、できる限り詳しい事実認定をしな

第2章　自治体職員ならこれくらいの法務能力を

ければなりません。

　そして、こうした**事実認定の内容は、記録しなければなりません**。また、認定した根拠（理由）となる、いわゆる証拠書類も保管する必要があります。これらがあってはじめて、自治体は自己の活動の正当性を説明する責任を果たせるのです。

6　法をどう適用するのか

（1）法の「適用」とは何か

　いよいよ、法（法令）を事実にあてはめて、社会経済生活において法の目的を実現していくことになります。こうした**法令を実地に働かせることを法の適用（法を適用する）**といいます。

　法の適用は、**事実認定→法の検認→法へのあてはめ**という3段階の手順で、行います。第1の事実認定については、5で説明しました（→86頁）。第2の「**法の検認**」とは、**認定をした事実にかんして法的な効果を定める法を発見すること**をいいます。第3の「**法へのあてはめ**」とは、文字どおり、**認定した事実を法にあてはめること**です。この場合に、法をどう解釈するか（→90頁）が重要になります。

　認定した事実からどのような内容の決定をすべきかは自動的には決まりません。生活保護の決定は「保護を必要とする状態にある者」（生活保護法6Ⅱ）に対して行いますが、その具体的内容は、生活保護法を解釈しなければ明らかになりません。つまり、「保護を必要とする状態」がどのような状態を意味しているのかを法的に解釈して明らかにしなければ、保護の要否等を決定することができないの

88

6　法をどう適用するのか

です。

（2）「法の検認」で忘れてはならないこと

　法の検認は、当然のことと素通りしがちですが、つぎの点を忘れてはなりません。

　第1は、成文法（法令）の場合、その法令（の規定）が現に有効なものか、確認を怠らないということです。

　とくに、古い（最新版でない）法令集（六法、例規集）でしごとをしては、いけません。自治体の活動（行政）にかんする法の制定改廃は、民法や刑法などの基幹的法律と比べてはるかに頻繁です。たとえば、地方税関係の法令は、毎年のように改正があります。古い税条例の規定のまま課税することができないことは、当然にわかると思います。職員は、最新版の法令集を用い、さらに最近、制定改廃がなかったかを官報などで確かめたうえで、しごとをしなければなりません。

　また、本則の規定の適用を事実上停止するような内容の規定を附則におく法令がありますので、注意が必要です（→84頁）。

　加えて、職員は、裁判所がその法令（の規定）について憲法違反、法律違反との判決を下していないか、確認しなければなりません。そうした判決により直ちにその法令自体が、効力を失うわけではないかもしれませんが、同じような事件が起きたときに裁判所が同じ判断（憲法違反、法律違反）を下す可能性もあるからです。そこで、職員自身がこれを確認しなければならないのです。

　第2は、その法令以外に、関係法令がないかきちんと調べることです（→83頁）。とくに、特別法（→80頁）には注意が必要です。

89

第2章　自治体職員ならこれくらいの法務能力を

（3）法「解釈」で基本的なこと

（ア）法の解釈の種類

　起こりうるすべてのケースを想定して法を具体的に定めることは困難です。そのため、法は、予想される社会現象のうち一般的な場合を想定して抽象的に規定しています。

　また、文字や文章による表現には限界があります。

　そこで、具体的事件が発生したとき、これを法にあてはめるために抽象的な法の意味を具体的に明らかにする作業が必要になってきます。これが法の解釈です。

　法の解釈は、大きく法規的解釈と学理的解釈に分けることができます。

　まず、法規的解釈とは、法令の規定自体によって解釈を決めるものです。すなわち、法令のある規定の意味を明らかにするために、別の法令（規定）を設け、この別の法令（規定）によって、先の法令の規定を解釈することです。法令中の目的規定のつぎのあたりにある定義規定（→82頁）は、法規的解釈の典型です。なお、国の関係省庁からの法律の施行通達では、各規定の解釈の指針を示すことがあります。しかし、通達は法ではありません（→96頁）から、通達の指針のとおり解釈することは、法規的解釈にはなりません。

　つぎに、学理的解釈とは、法令のなかに用語の定義規定をおくような方法ではなく、これまでの法の解釈にかんする学問上の努力を踏まえて、法の適用に携わる人が、自分の頭で判断して解釈することです。これは、大きく文理解釈と論理解釈に分かれます。簡単にいえば、文理解釈とは法令の規定の文字に即して解釈することであ

6 法をどう適用するのか

り、**論理解釈とは法令の規定の文言のみではなく、さまざまな物事の道理に基づいて解釈**することです。

　民法、商法や刑法などの基幹的法律は、規定内容が比較的抽象的なため条文の文理解釈だけでは適切な法的問題の解決は行えませんので、論理解釈が必要です。一方、各種の許認可等（→ 83 頁）を定める法令なども、さまざまな解釈の余地をもつ規定が少なくありません。法が住民にも強要され得ることを考えると（→ 57 頁）、住民が素直に法を読んで解釈できるという意味で、**法の解釈はなるべく文理解釈によることが望ましい**といえます。

　しかし、論理解釈によって判断をせざるをえない例も多く、むしろこの場合の解釈の仕方の方が、正しい法の適用にとって重大な意味をもちます。論理解釈には、拡張解釈、縮小解釈、反対解釈、類推解釈などがあります。

　拡張解釈とは、法令の規定の意味を普通の意味よりも広く解釈することをいいます。一方、縮小解釈とは、法令の規定の意味を普通の意味よりも狭く解釈することをいいます。また、反対解釈とは、ある法令の規定をもとにして、それと逆の場合には逆の効果が生じるという趣旨の規定が存在するものと考える解釈の方法をいいます。そして、類推解釈とは、似かよった 2 つのことがらのうち、一方についてだけ規定があり、他方については直接明文の規定がない場合に、その規定と同じ趣旨の規定が他方にもあるものと考えて解釈する方法をいいます（〔**コラム 9**〕→ 92 頁）。

　論理解釈では、つぎのことに気をつけなければなりません。

　第 1 に、論理解釈は、法の運用者の恣意を認めるものではありません。当局の都合だけによい解釈をしたり、特定の政治的圧力にこたえることを目的に解釈したりしてはいけません。

91

第2章　自治体職員ならこれくらいの法務能力を

　第2に、これと関連して、論理解釈では**立法目的**を重視します。何が立法目的なのかを判断するのは結構難しいのですが、まずは、法令の第1条の目的規定や、前文をみるのがよいでしょう。また、法令の制定当時の立法者（国会、議会等）の考え方が参考になるときもあります。ただし、当時と現在では状況が異なることがあるので、制定当時の立法目的を絶対視すべきではありません。

　第3に、法令が全体としてひとつの体系をもつ（→62頁）ことに配慮します。他の法令（の解釈）と矛盾のある解釈をするということは、法令の体系を運用（適用）の段階で否定することになります。

　第4に、解釈は頻繁に変更するのは、適切ではありません。頻繁な解釈変更は、突き詰めると事例1件ごとに解釈を変更するということに通じ、それは、実質的に恣意的な解釈をしていると評さざる

〔コラム9〕代表的な法解釈の方法

　ここで、本文に示した4つの法解釈の方法を具体的に考えていきましょう。Ａ市の公共施設の利用者の代表者が使用料を支払わなければならないものとします。その際、その代表者が住民である場合、使用料を通常の半額とする旨の規定があるとします。住民の法的な意味については、27頁をみて再確認してください。

　この場合に、Ａ市の区域内に別荘を所有する他市の住民が代表者の場合に、この施設の利用にかんしては住民であるとして使用料を半額にするのは、拡張解釈となります。逆に、市の住民にあたるとしても代表者が法人の場合は使用料を半額にしないと解釈するのは、縮小解釈にあたります。

　また、代表者が他市の住民である場合、Ａ市の住民ではないから使用料を半額としないのは、反対解釈にあたります。代表者はＡ市の住民ではないけれど、そのほかの利用者の大半がＡ市の住民にあたる場合に使用料を半額とするのは、類推解釈にあたると考えられます。

をえないのです。ただし、時代の変化に適合していない解釈や、誤っている解釈は、速やかに変更しなければなりません。

（イ）行政実務で注意すること

a　注釈書や一問一答集は絶対の聖典ではない

　行政実務では、逐条解説書（注釈書）、一問一答集、さらにはマニュアル、前例を記す起案文書などに基づいて、しごとを処理しています。マニュアルは、法の解釈を示したものです。注意しなければならないことは、注釈書（これも一種のマニュアルです。）などに書いてあることが、法の解釈のすべてではない、他にも解釈が成り立つ余地が考えられるということです。

　仮に、マニュアルに生活保護の受給者のエアコンの保有禁止が書いてあったとしても、それは生活保護法の解釈のすべてではなく、解釈のひとつを示したものです。マニュアルの基準を一律に適用するのではなく、受給者の健康における状態、住居状態、気象状態などを総合的に考慮して、その受給者にとっては、エアコン保有を認める解釈ができないかを検討しなければなりません。なお、現在は、エアコン購入の借入が認められています。

　法の解釈は、注釈書やマニュアルどおりの解釈だけではなく解釈する人の価値観によって複数成立します。注釈書やマニュアルは、あくまでも作成者からみた標準にすぎません。一方、自治体職員は、それぞれの地域において、住民福祉の増進を実現する責務を負っています。ですから、自治体職員は、法の解釈において住民福祉の増進の観点から自らの決断と責任によってひとつの解釈を選択しなければなりません。それが、誰もが納得できる客観的な法解釈の結果につながります。住民に奉仕し、それを通して自治体職員としての自己を実現するためにはマニュアル頼みではなく、主体的に法の解

釈を行う姿勢が不可欠です。

b 法は、その規定だけを杓子定規に解釈するのではない

法令を、ただ杓子定規に解釈するのではいけません。（ア）で述べたように、その法令の目的規定、さらには、その上位法（とくに憲法の人権保障規定）を念頭において、住民福祉の向上と住民の権利充実の視点から、総合的に解釈しなければなりません。

c 法の一般原則を忘れない

法の解釈・適用では、法の一般原則（とくに、平等原則と比例原則）も大切です。たとえば、法の適用は、法の趣旨・目的に沿って住民各自に平等な形で行われなければなりません（平等原則）。また、住民の権利・自由の規制は、その目的に必要な最小限度にとどめなければなりません（比例原則）。どのような法の解釈・適用が一般原則にかなっているかを判断するためには、法務の知識だけではなく、しごとやしごと以外のさまざまな知識を修得し、自治体職員としてバランスのとれた感覚を身につけることが必要です。

d 法の解釈・適用の過程は文書化する

法令の解釈に総合性が必要になればなるほど、結論に至る事実関係と解釈の過程は、複雑になります。自治体の意思決定は、基本的には、起案文書によりますが（→ 142 頁）、その際は、こうした事柄をきちんと文書に記す必要があります。これは、後日法的な紛争が生じたときに自らの解釈を堂々と主張するため、そして、将来の事案においてこれを参照してより妥当な法の解釈を導くために、必要なことです。

7 要綱や通達には特殊な性格がある
—行政だけを拘束するルール

（1）要綱・通達の拘束力

　繰り返しますが、要綱や通達は、本来の法ではありません（→72頁）。したがって、これらが直接住民を拘束することはありません。しかし、これらは、自治体による法の解釈運用、ひいては住民の生活に、事実上大きな影響を及ぼしています。そこで、法治主義全般について語るこの章の最後に、要綱と通達について補足説明をします。

　　（ア）要綱の内容が「法の解釈」によって法になる

　要綱行政（→74頁）における**要綱は、住民を拘束する「法」にはなりません**。しかし、自治体の要綱のなかには、住民からみて**自治体を拘束する「法」になるものがあります**。住民に何らかの法的な権利があるように定める要綱の内容が、「法」として裁判規範（→58頁）となることがあるのです。

　これは、要綱が、それのみで「法」となって、住民の権利を創設するということではありません。他の法令の解釈や法の一般原則によって導くことができるものです。つまり、法令上明文の規定はないものの、要綱があって、それを合理的に解釈すると住民の権利を認めることができる場合に、その要綱が「法」のようになるのです。これを**要綱による法の確認あるいは要綱の「法」化**と、呼んでおきましょう。

　要綱が実体法（→81頁）上の権利を創設する例は、それほどあ

りません。しかし、要綱に規定されている福祉にかんする各種の給付や貸付けといったサービスについて、申請権（→ 183 頁）を認めるなどして、要綱の規定が実質的に「法」化し、給付を受けることが権利化することが考えられます。

（イ）通達の拘束力

通達は法令ではありません。法的には住民を拘束するものではありません。ただ、それが訓令（→ 72 頁）を含む内容のものであれば、職員を拘束するため、自治体職員が通達どおりのしごとをすると、その内容は、結局、住民を拘束するかのように機能してしまいます。

かつての地方自治法制下において、国が、機関委任事務について自治体に発したさまざまな通達は、国による自治体統制の有力な手段でした。また、団体事務に対して発した通達についても、自治体は、（補助金など財政面でその実施を誘導する措置があったりするため）機関委任事務の通達と同じ重みで受けとめて、それに従ったしごとを進めがちでした。

わが国の行政運営のスタイルを通達行政と呼ぶことがあります。通達行政にはいろいろな意味がありますが、国が自治体に出す通達についてみると、それは自治体が極端なまでに国の通達に従ってしごとをすることを意味していたといえます。

なお、市町村と都道府県の間でも、市町村の職員は、上で述べた通達行政的な感覚をもつことがあります（都道府県の出す通知に、市町村が疑うことなく従う。）。

通達は全国画一的な取扱いを求めることが多いため、これに従ったしごとの進め方が、各地域の住民ニーズとはかけ離れたものとなることがあります。こうしたとき、通達行政さらには自治体の行政に対する住民の批判増加と信頼低下が生まれます。

（2）地方分権時代の通達？行政

　第1次地方分権は、上で述べた意味の通達行政にどのような影響を及ぼしたのでしょうか。自治体の事務ごとに、つぎのように整理できるでしょう。

　まず、旧機関委任事務において、国等が自治体の機関を指揮監督するために発した通知・通達の類は、以前の通達などが（イ）の処理基準となるといった新たな通知が発せられていない限り、「無効」となりました。国や自治体の行政実務家のなかには、この点についての理解が不十分な人がいます。まず、旧通知がどのような扱いになっているのか、ぜひ確認してください。

（ア）自治事務

　自治事務に係る基準のうち、自治体を拘束する必要がある場合には、法律・これに基づく政令・これらに基づく省令および告示によって定めなければなりません。

　ただし、法令の規定の有無に関係なく、国（大臣）は、自治事務にかんしても技術的な助言・勧告を出すことができます（地方自治法245の4 I）。そこで、この規定を根拠にした通知が考えられます。この助言等、自治体側が書面にすることを求めれば、書面にしなければならず（自治247 I）、国は、これに従わないことだけを理由とした不利益な取扱いはできません（自治247 III）。その点で、この助言等の法的な拘束力は否定されています。

（イ）法定受託事務

　都道府県が処理する法定受託事務について、国（大臣）は、その事務を処理するにあたり、よるべき基準（以下「処理基準」といいます。）

第2章　自治体職員ならこれくらいの法務能力を

を定めることができます（自治245の9Ⅰ）。

　市町村が処理する法定受託事務について、都道府県の各執行機関（知事、教育委員会、選挙管理委員会）も、処理基準を定めることができます（自治245の9Ⅱ）。国も、例外・補充的に、直接、市町村が処理する第一号法定受託事務について処理基準を定めることができます（自治245の9Ⅲ）。

　処理基準については、これを定めるだけでは自治体に対する関与とはなりませんので、（ア）で述べた助言等のような書面主義・不利益取扱いの禁止等の定めはありませんが、その目的達成のため必要な最小限度のものでなければなりません（自治245の9Ⅴ）。

　なお、処理基準に反した法定受託事務の処理が、法令に反したことになったり、「著しく適正を欠き、かつ、明らかに公益を害しているとき」は、是正の指示（自治法245の7）、さらには、国などによる代執行等（自治法245の8）の対象となることが考えられます。

（ウ）地方分権時代の自治事務の基準や
処理基準の設定手続のあり方

　自治体の国政参加権（→41頁）を考えると、今後、国等が、自治事務の基準や法定受託事務の処理基準を設定するときは、あらかじめ、その原案を示して、自治体側の意見を聞くという手続を導入する必要があります。国では、国民一般の規制の設定・改廃について事前にその案などを広く国民に公表し、国民の意見・情報を聞いてからこれを行う手続（パブリック・コメント）が制度化されました（→192頁）。自治事務の基準や処理基準は、その重要性を考えると、この手続に準じた自治体からの意見・情報提出手続を設けるべきなのです。なお、これにかんして自治体の全国的連合組織の意見申出・意見書提出権（→121頁）の活用も求められるでしょう。

98

第3章
自治体行政の組織はどうなっているか

第3章　自治体行政の組織はどうなっているか

1　自治体の行政組織のしくみ

（1）自治体の執行機関の組織と法律・条例

（ア）組織図をみてみよう

　自治体は、各種の内部組織から成り立っています。議会、執行機関をあわせた自治体全体の具体的な組織がどうなっているかは、各自治体の組織図でみることができます。一口に組織図といっても、○○市機構図、○○町行政組織図、○○市行政機構図などさまざまなタイトルになっています。理想的な組織図という意味ではなく、実例をみておきましょう。【図 3-1】は岐阜県（人口約 200 万人）の、【図 3-2】は大牟田市（福岡県。人口約 12 万人）の組織図（行政機構図）です。

　これら自治体の組織は、普通は、部、課、係と細分化しています。これらの部署は、それぞれ重複して無駄な活動をしないよう、しごとを分担しています。この組織は、自治体によってかなり違う場合もあります。公共の課題は地域によって異なることも多く、社会基盤や公共施設の整備状況、財政状態などは、自治体によって千差万別です。各自治体は、その地域の公共的課題に最も的確なしごとができるよう組織を編成しますので、組織の名称や、分担するしごとの内容が異なってくるのです。

　なお、議会は、自治体の議決機関であり、執行機関の一部ではありません。首長をはじめとする執行機関とは、一線を画した表示をするのが適切です。

　それでは執行機関は、どのような考え方に立ってその内部組織を

100

編成するのでしょうか。また、その編成には、法的にどのようなことを配慮しなければならないのでしょうか。国の行政組織と比較しながら考えます。

（イ）国の行政組織の編成の考え方

国の行政機関の組織（行政組織）は、法律で定めます（内閣府設置法、復興庁設置法、国家行政組織法3Ⅰなど）。ただし、法律で定められているのは府・省・委員会・庁（例、内閣府、法務省、公正取引委員会、国税庁）までです。府省の内部組織（官房・局・部・課など）の設置やそのしごとの範囲は、政令・省令・内閣府令または復興庁令で定めます（内閣府17、行組7Ⅳ・Ⅴ・Ⅵ、復興庁18）。行政組織のあり方が国民の生活に重大な影響を及ぼすため、行政機関が勝手にその組織を編成することがないように、少なくとも府や省などは、法律で定めることにしているのです。

国の行政組織は、「国の行政事務の能率的な遂行」を目的とし、内閣の統轄の下に**系統性**と**一体性**を重視して、編成します（行組1・2）。なお、内閣府は、その組織編成にあたって、系統性と一体性に加え、**弾力性**を重視しています（内閣府5Ⅰ）。また、復興庁でも、系統性に加え、「東日本大震災からの復興に関する内閣の課題に弾力的に対応できるものとしなければならない」と弾力性を重視しています（復興庁5Ⅰ）。

しかしながら、国では、各省大臣による分担管理を定める条項（行組5Ⅰ）をよりどころとする各省の分担管理原則が強調され、タテワリ行政（→115頁）の弊害があらわれています。各省所管の法令の執行を担っている自治体にも、このタテワリ行政の影響が及んでいます。

第3章　自治体行政の組織はどうなっているか

【図 3-1a】平成 28 年度　岐阜県行政機構図

1 自治体の行政組織の仕組み

平成28年4月1日

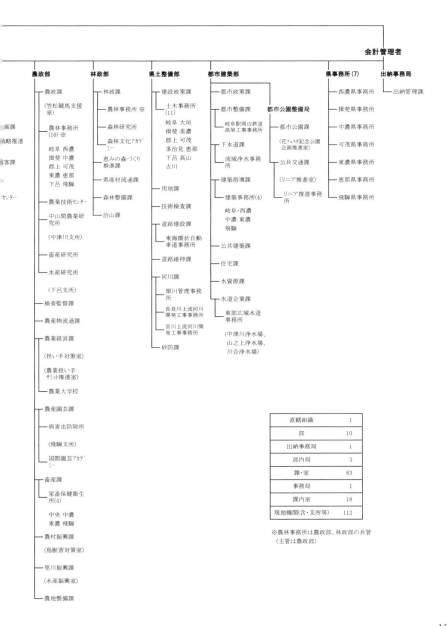

第 3 章　自治体行政の組織はどうなっているか

【図 3-1b】平成 28 年度　岐阜県行政機構図

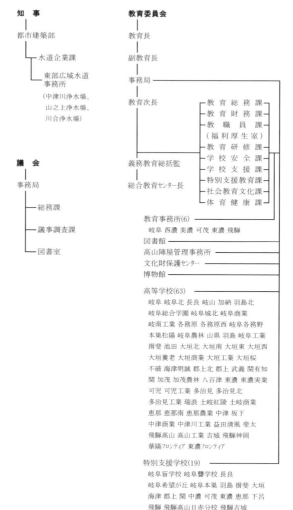

104

1　自治体の行政組織の仕組み

平成28年4月1日

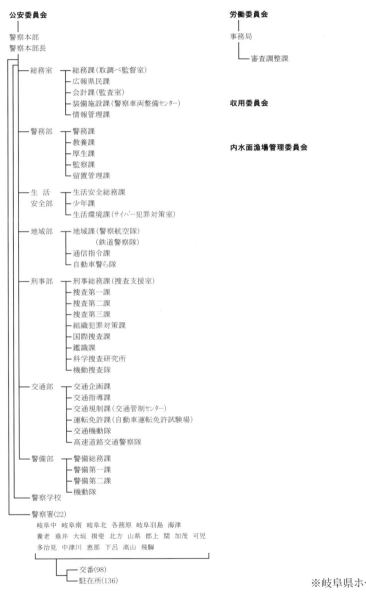

※岐阜県ホームページから。

第３章　自治体行政の組織はどうなっているか

【図3-2】大牟田市行政機構一覧

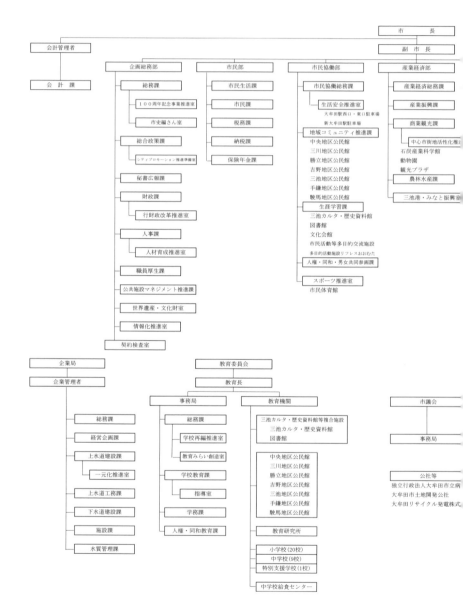

1 自治体の行政組織の仕組み

平成28年4月1日現在

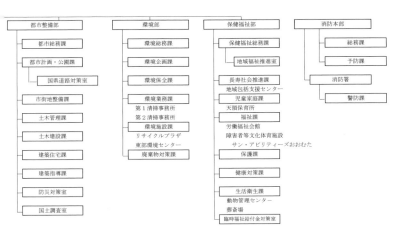

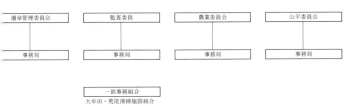

※大牟田市ホームページから。

107

第 3 章　自治体行政の組織はどうなっているか

（ウ）自治体の執行機関の組織編成の考え方

　自治体の執行機関の設置は、法律で定めます（自治 138 の 4 Ⅰ）。しかし、**執行機関の内部組織は、条例で定めること**が要請されます。首長の内部組織については、少なくとも「長の直近下位」の組織（局、部、課など最上位に位置する組織）は、条例で定めなければなりません（自治 158 Ⅰ）。国の行政組織と同じく、住民生活への影響を考え、執行機関が勝手に内部組織を決めることがないように、条例事項としてあるのです。

　内部組織の編成は簡素かつ効率的なものとなることが求められます（自治 158 Ⅱ）。さらに、「**民主的な**」行政の確保を図るため（自治 1）、民主性にも配慮しなければなりません。そう考えると、最上位の組織だけでなく、その下に位置する「部」や「課」などについて条例で定めることも、執行機関に対する民主的統制の重要さから、問題はないことになります。

　行政委員会等については、首長の所轄の下に、執行機関全体を通じた**系統性**と**一体性**が求められています（自治 138 の 3 Ⅰ・Ⅱ）。独立性の要請とは一見矛盾するようですが、長に総合調整の権能を認め、タテワリ行政の弊害を除去し、行政の総合性を発揮させようとするためです。

（2）首長の内部組織

（ア）首長と職員

　自治体の執行機関は、その担当する行政分野において自治体の意思を決定し、自己の名で対外的にその意思を表示する権限をもっています。執行機関のうち最も重要なのが、首長（→ 48 頁）です。

108

首長は、総務、福祉、税務、環境、都市計画など自治体の多くの行政分野を担当し、自治体を統轄・代表します（自治147）。

それでは、首長の内部組織で働く職員ひとりひとりは、どのような役割を果たしているのでしょうか。自治体の意思を決定する権限は首長にありますから、首長自らその意思を決定するのが本筋です。しかし、すべての事案について首長が意思決定することは現実には不可能です。そこで、地方自治法は、自治体の内部組織に**補助機関**として副知事・副市町村長などの職員をおき、しごとを分担させているのです。

つぎに、首長の補助機関のうち重要な役割をもつ機関についてみていきます。

（イ）副知事・副市町村長

長を補佐する補助機関としてまず重要なのが、**副知事**（都道府県に設置）と**副市町村長**（市町村に設置）です（自治161）。ただし、条例により、副知事・副市町村長をおかないこともできます（自治161Ⅰただし書）。

副知事・副市町村長は、長を補佐し、長の命を受け政策および企画をつかさどり、補助機関である職員を監督し、ときには長の職務を代理します（自治167Ⅰ）。こうした職責の重要性から、副知事・副市町村長の選任には議会の同意が必要です（自治162）。

（ウ）会計管理者

長の補助機関でありながら、相対的に独立していて重要なのが、**会計管理者**です（自治168）。会計管理者は、長の補助機関である職員のうちから任命され、自治体の会計事務を担当します。ここでいう会計事務というのは、現金の出納保管、小切手の振出、支出負担行為（支出の原因となる契約など）にかんする確認、決算の調製な

第3章 自治体行政の組織はどうなっているか

どのことです。会計管理者の事務を補助する出納員その他の会計職員は、首長がその補助機関の職員のうちから任命し、また会計管理者の事務を処理する組織は、首長が規則を定めて設置します（自治171 I・II・V）。

（エ）さまざまな種類の補助機関としての職員

これらのほかにも、法律により特別な役割をもつ首長の補助機関があります。

第1は、**地方公営企業の管理者**です（地方公営企業法7）。地方公営企業というのは、水道事業や公営のバス事業など、自治体の組織でありながら、地方公営企業法に基づいて一般の首長部局の組織から独立して特別会計を設置し、独立採算制によって運営される事業をいいます。地方公営企業の管理者は、その事業については、ほぼ自治体を代表して業務を執行します。

第2は、**消防長**です。消防事務（消火、救急）は市町村が担当します（消防組織法6）。消防は市町村長が管理しますが（消組7）、消防事務を処理するため市町村には消防本部などがおかれます。消防長は、その消防本部の長をいいます（消組12 I）。消防長は、消防本部の事務を統括し、消防職員を指揮監督します（消組12 II）。

（3）行政委員会等の組織

地方自治法は、首長のほか、多くの執行機関を設けています（自治138の4）（〔コラム10〕→111頁）。なぜ、このように多くの執行機関を設けるのでしょうか。

自治体のしごとのなかには、政治的中立の確保や公正な判断あるいは専門的な判断が必要なものがあります。そこで、首長から独立

110

した執行機関をおいて、そのようなしごとの管理と執行を行わせているのです。このように多くの執行機関を設ける考え方を、**執行機関多元主義**といいます。

首長以外の執行機関は、監査委員を除いて、**合議制の委員会制度**を採用しています。このため、このテキストでは、首長以外の執行機関のことを行政委員会等（さらに監査委員を除くときは行政委員会）と呼ぶことがあります。

行政委員会の意思決定は、首長と異なり、会議を開いて合議により決めます。行政委員会等の委員は、基本的には、他に職業があってもよい民間人から選任されます。市町村、都道府県の両方におかれる行政委員会等などを、少しみていきます。

（ア）**教育委員会**

公立小中学校および公立高等学校、図書館などの教育機関における教育行政や、社会教育、文化財保護などの文化行政、スポーツにかんする事務を担当する合議制機関として、**教育委員会**がおかれま

〔コラム 10〕 **執行機関のいろいろな意味**

法令用語で執行機関というときには、3種類の意味があります。このテキストでも、この3種類全部が出てきますので、ここで簡単に説明します。

第1は、自治体の執行機関という意味での執行機関です。議事機関（議会）の意思決定等を執行するための機関ということです。

第2は、自治体の執行機関のなかで、強制的な行為を行う機関（組織）のことです。自治体の場合、徴税吏員（地方税法1Ⅰ③）や警察官（警察法55Ⅰ）などが、この意味での執行機関になります。

第3は、民事執行（→ 243頁）を行う国の機関のことです（民事執行法2）。民事執行を担当する裁判所（執行裁判所。民執3）と、執行官（執行官法1）が、この意味での執行機関です。

111

第3章　自治体行政の組織はどうなっているか

す。教育委員会の組織と運営にかんしては、「地方教育行政の組織
及び運営に関する法律」（地教行法）がさまざまな定めをしています。
委員会は、議会の同意を得て、首長により任命される常勤の教育長
と非常勤の教育委員によって構成されます。

（イ）選挙管理委員会

各種選挙にかんする事務を担当する機関として、**選挙管理委員会**
がおかれます。選挙管理委員4人（自治181 Ⅱ）は、議会における
選挙によって選任されます（自治182 Ⅰ）。また、選挙事務の多く
は公職選挙法の定めるところによります。

（ウ）人事委員会・公平委員会

自治体職員の採用試験を実施したり、職員の勤務条件にかんして
給与の勧告を行ったり（以上、人事委員会のみ）、人事行政における
不利益処分の審査請求（→219頁）の審査庁となったりするために、
都道府県と一定規模以上の市には**人事委員会**が、その他の市町村に
は**公平委員会**が設置されます（地方公務員法7）。人事委員会・公平
委員会の委員の人数は、いずれも3人で、委員は、議会の同意を得
て長が任命します。人事委員会・公平委員会の組織および運営は、
地方公務員法に規定があります。

（エ）監査委員

自治体の決算を審査したり、事務の経営管理や行政事務を監査し
たり、住民監査請求（→239頁）による監査を行ったりするために、
監査委員がおかれます（自治195～）。教育委員会、選挙管理委員
会、人事委員会（公平委員会）は、合議制の機関ですが、監査委員は、
2～4人選任されるものの、ひとり（単独）で職務を行う、**独任制**
の機関です。ただし、重要な権限の行使については合議によるべき
ことが法定されているので、ほぼ合議制機関となっているといえま

112

す。委員は、議会の同意を得て、人格が高潔で、財務管理等に識見を有する者および議会の議員のなかから、首長が選任します。

　なお、監査委員の職務の一部を、外部監査契約（自治252の27〜）をした外部監査人が行うことがあります。

（オ）行政委員会等の課題

　これらのほかに、都道府県には**公安委員会、労働委員会、収用委員会、海区漁業調整委員会および内水面漁場管理委員会**が、市町村には**農業委員会**および**固定資産評価審査委員会**がおかれます。

　行政委員会等も、その担当する行政分野では、自治体を代表します。行政委員会は、規則の制定権ももっています（自治138の4 Ⅱ→68頁）（監査委員に規則制定権はありません。）。また、行政委員会等は、自前の事務局やそのしごとを補助する職員をもち、その職員の任命権ももっています（例、地教行法18 Ⅶ）。

　行政委員会等には独立性がありますが、この独立性は、弱いものです。大半の行政委員会等の委員が、議会の同意を要するとはいうものの、首長に任命されるからです。予算の調製権や執行権もなく（自治180の6）、これらは首長の権限となっています（自治149）。また、職員の任命権があるものの、その事務局の職員は首長部局からいわゆる出向という形で任命されています。また、職員は、複数の行政委員会等の事務局を兼務したりすることもありますし、予算の調製や執行も、首長の補助機関のように扱われています。委員会・委員ではなく首長の意向を忠実に反映した事務局の主導で事務が執行されている場合もあります。さらに、行政委員会等の設置の根拠法を所管する省のタテワリの系列下に組み込まれ、タテワリ行政（→115頁）の弊害が指摘されることもあります。

第3章　自治体行政の組織はどうなっているか

（4）附属機関や附属機関に類似する機関

　執行機関は、専門的事項について審査、審議等をするため、法律または条例で、審査会、審議会などの**附属機関**を設けることができます（自治138の4Ⅲ）。附属機関には、法律上設置義務があるもの（例、都道府県防災会議。災害対策基本法14Ⅰ）と、自治体が条例で任意に設置するもの（例、情報公開にかんする審査会。→151頁）があります。附属機関は、基本的には執行機関の諮問にこたえ参考意見を提供するために設置する機関であり、担当する行政分野について決定権と執行権をもつ行政委員会等とは違います。

　また、「○○市民会議」とか「○○懇話会」といった名称で、条例を定めず、要綱などによって設置する附属機関類似の機関があります。これを、俗に、知事や市町村長などの**私的諮問機関**といいます。しかし、それは条例の根拠がないということを「私的」といっているだけで、その運営に要する費用は公費でまかなっています。**私的諮問機関というのは、不正確・不適切な表現**です。

　これらの附属機関等は、民間の専門家の知識を行政に生かしたり、多様な住民意見を行政に反映させたりするために、有意義な機関です。ところが、執行機関が当局寄りの委員を選任し、執行機関に都合のよい意見を委員から示してもらったり、執行機関側が提示した意見の原案をもっぱら承認してもらったりするだけといった運営がなされることがあります。これでは、附属機関等は、行政の隠れ蓑にすぎません。原則としてすべての委員名簿を公開し、委員を公募で選任したり、会議を公開するとともに配布資料を公開するとともに、場合によっては公聴会等により住民の意見を聞く機会を設ける

114

など運営を工夫したりする必要があります。

2 「タテワリ」行政と「総合」行政

（1）自治体の活動には総合性が必要である

（ア）「タテワリ」行政の意義

組織図（→100頁）でみたように、自治体の執行機関は、部、課、係と、その内部組織をピラミッド構造に細分化しています。そして、各部・課・係は、担当事務をもって活動しています。事務を分担しているのです。このような組織を「タテワリ」組織と呼びます。また、ここでは、「タテワリ」組織が、それぞれ担当する事務（所管事務）を、その範囲で処理していくことを、「タテワリ」行政といいます。

各内部組織が事務を分担すれば、すべてを担当するよりは、その担当事務について専門化するわけですから、効率的にその事務を処理することが期待できます。分業化により生産性の向上を図ろうとするのと同じです。

また、各組織に事務を分担させることにより、自分の組織がもたない権限は行使できなくなります。たとえば、給水にかんする事業を全く担当していない市町村税の担当組織が、税金を滞納しているからという理由だけで給水を停止するということはできないのです。このような行為は、各内部組織の視点でみると越権行為ですが、自治体の行為としてみると、これは権限の濫用（→78頁）になります。「タテワリ」組織、「タテワリ」行政が、自治体の権限の濫用を防ぎ、住民の権利・自由を守っている側面があるのです。

第3章　自治体行政の組織はどうなっているか

（イ）「タテワリ」行政の弊害

しかし、現実の「タテワリ」行政は、この利点を無にする弊害を多々生んでいます。

自治体で最も身近な例は、住民の「たらい回し」です。A課の窓口に来た住民を、所管が違うからといって、B課に、ときにはB課からさらにC課に行かせる現象です。「タテワリ」組織を設ける以上、これを完全に防ぐことはできないのですが、「たらい回し」は、住民が「お役所しごと」として最も嫌うことです。事務の効率性や権限の濫用の防止は、「たらい回し」を許す理由にはなりません。

つぎに、自治体で起こる醜態は、新しい行政課題が生じたときのしごとの押しつけあいです。国の中央省庁の場合は権限争いをします。しかし、自治体だと、余計なしごとはヒトもカネもないのでやりたくないということで、しごとを押しつけあうのです。押しつけあいにかける労力や時間を考えると大変な無駄です。「たらい回し」が、このしごとの押しつけあいに起因していることも多々あります。

さらに深刻なのが、自分の組織のしごとで実現する公共の利益が他の利益に絶対的に優先すると考え、他に優先すべき公共の利益があってもこれを顧みないことです。たとえば、道路建設を担当する組織は、「交通の発達に寄与し、公共の福祉を増進する」（道路法1）ため道路建設に全力をつくします。その一方で、この組織は、自然環境保護という公共の利益を軽視、あるいは無視しがちです。

さらに、「タテワリ」行政は、その利点のはずの効率性を阻害し、無駄を生むことさえあります。たとえば、国の「タテワリ」行政のしくみが、自治体の効率的な行政運営を阻害することがあります。事例には事欠きません。たとえば、人口3千弱のある村には、形がそっくりで、能力も基本設計も施工業者も同じ下水道処理場が並ん

2 「タテワリ」行政と「総合」行政

で建っています。片方が農林水産省、もう一方が国土交通省の所管の補助金を利用して建設したためです。処理場を1つにまとめれば、工費も節減でき、二重に走る排水管の無駄も省けるというものです。「タテワリ」組織の「タテワリ補助金」が無駄で非効率な行政をもたらした事例です。

（2）地方分権と自治体の総合行政

自治体は、これまでも「タテワリ」の法律制度の下で、要綱行政の手法を編み出すなど、ある程度は総合的な対応をすべく努力をしてきました。その一方で、現実には、先に示したような「タテワリ」

〔コラム11〕映画「生きる」

　黒澤明監督の「生きる」という映画をみたことがありますか。これは、癌による死に直面して、はじめて過去の自分の無意味な生き方に気がつき、小さな公園建設のために奔走し燃え尽きていく、ある市役所の課長の「生きる」物語です。下町のおかみさん達の陳情に端を発し、大過なくしごとをやり過ごしていた自分を恥じ、市役所の課長として生きることの意味を小さな公園をつくることに見出します。しかし、目的は簡単に達成されません。市役所窓口での無責任な対応、「タテワリ」組織でのたらい回し、市役所内部での不透明なものごとの決め方、主人公に対する同僚の批判的な態度など、公務員社会の抱えているさまざまな問題が描き出されます。この映画が封切られたのは1952年、今から70年近く前のことです。しかし、この映画に描かれている自治体職員の姿や問題提起は、まさに現在でも直面する問題と同一なのです。この映画は、日本の公務員社会にある問題の根の深さを痛感させます。それと同時に、他人の幸福のために力をふりしぼってがんばること、献身や犠牲が公務員としての生きる道なのだと改めて強く意識させるでしょう。

第3章　自治体行政の組織はどうなっているか

行政の弊害を抱えています。

　しかし、本来、自治体は、「住民の福祉の増進を図ることを基本として、地域における行政を、自主的かつ総合的に実施する」役割を担っています（地方自治法1の2Ⅰ）。自治体には、「タテワリ」行政でなく、「総合」行政が必要です（〔コラム11〕→117頁）。

　この総合行政には、国が作った法制度の欠陥を埋めるようなスケールの大きなものがあります。総合的なまちづくり条例（例、横須賀市土地利用基本条例）、自治基本条例などがその例です。一方で、「たらい回し」をしないといったことも、総合行政への取組のひとつになります。そのために、庁舎に総合窓口を設置するといったことなどが、行われます。

　総合行政は、ひとつの自治体組織内部で完結するものではありません。国、都道府県、市町村はそれぞれ異なる役割分担を踏まえて事務を処理しています。そこで、地域で発生したある政策課題については、他の自治体や国の機関と連携して、総合行政を進めなければならないことが出てきます。震災に対する復旧・復興の取組のなかで、国・自治体それぞれの相互連携の重要性が、認識され、課題を残しつつ不完全ながらも、課題解決が目指されてきています。

　また、地方分権の推進に伴い、自治体が自らの責任において主体的に判断する領域が拡大してきます。住民の権利を制限し、義務を課すようなしごとも増えます。そこで、自治体の総合行政の推進が、自治体への権限・権力の集中をもたらします。国の行政機関による自治体に対する統制が減る分だけ、自治体の権限・権力をコントロールするには、よりいっそうの住民自治の強化と、司法による統制が必要になります。

118

3　自治体行政のパートナー組織

（1）自治体の連合組織

（ア）多様な自治体同士の協力形態

　住民の行政ニーズへの的確な対応や、自治体の能率的な運営のためには、その自治体の区域にとどまらない広域的な、あるいは全国的な自治体同士の協力が必要となります。今日ではさらに、国際的な自治体間協力（外国の自治体との協力）も重要です。

　2（2）で述べた総合行政のための協力は、そうした自治体同士の協力のひとつといえます。ほかにも、地方公共団体の組合の制度（→ 39 頁）や、連携協約、協議会、議会事務局・行政委員会・執行機関の機関やその内部組織の共同設置、事務の委託、事務の代替執行、職員の派遣など（地方自治法 252 の 2 ～ 252 の 17）の協力制度があります。そして、これら法定の（法律で定められている）協力制度以外にも、自治体は、○○都市サミット、○○事務担当者（主管者）会議などを通じて、個別のしごとの分野ごとに情報交換・協力を行っています。

　このように自治体同士の協力体制は非常に多様なのですが、地方分権の進展に伴い重要となるのが、自治体の連合組織です。

（イ）自治体の連合組織とは何か？

　このテキストでは、①全国的または都道府県単位以上の地域レベルの広域的な、②個別の事務・業務単位ではなく、自治体全体でみた場合の連絡調整、共通問題の協議・処理等のための、③会員となる資格を有するすべての、または大半の自治体が加入する組織を、

第3章　自治体行政の組織はどうなっているか

自治体の連合組織といいます。

　全国的な連合組織には、**地方六団体**があります。これは、**全国知事会、全国市長会、全国町村会、全国都道府県議会議長会、全国市議会議長会、全国町村議会議長会の6つの団体**のことをいいます。また、これらの団体の都道府県単位またはそれより広域のブロック単位の下部組織も、自治体の連合組織といえます。これらのほかにも、自治体の連合組織に似た機能を有する組織があります（例、全国都市監査委員会）。

（ウ）自治体の連合組織の形態と活動内容

　自治体の連合組織は、いずれも法人ではありません。ただし、さきほど挙げた地方六団体は、設立した旨を総務大臣に届け出ています（自治263の3Ⅰ参照）。

　自治体の連合組織の活動内容は、多岐にわたります。各団体によって、比重は違いますが、国の行政機関や政党などへの要望・陳情の実施、情報交換・政策研究、職員・議員研修の実施、各種損害賠償責任保険への加入（全国市長会、全国町村会）、功労者の表彰が、その主な活動です。

　また、総務大臣に届け出た地方六団体は、法律上、特別な役割・権限をもちます。第1に、国の地方財政審議会の委員には、これらの団体が推薦をした者を任命します（総務省設置法12Ⅱ。〔**コラム**

〔コラム 12〕地方財政審議会

　地方財政審議会は、総務省に設置する審議会（総務省8Ⅰ）です。審議会は、地方交付税の交付額の決定などについて審議し、総務大臣に必要な勧告をし、また、総務大臣および関係機関に対して意見を申し出たりします（総務省9）。審議会の5人の委員のうち3人は、この地方六団体が推薦した人です（総務省12Ⅱ）。

120

12〕参照）。第2に、地方自治に影響を及ぼす法律や政令などについて、総務大臣経由で内閣に意見を申し出たり、国会に意見書を提出できます（自治263の3Ⅱ）。この意見に対して、内閣には回答する努力義務（一定事項には原則的な回答義務）があります（同Ⅲ・Ⅳ）。第3は、「国と地方の協議の場」（→141頁）に、自治体側のメンバーとして、地方六団体の各団体の代表者が加わることになることです（国と地方の協議の場に関する法律2Ⅰ）。

（2）地域の公共的な活動を担うその他の主体

自治体は、住民の生活にかんするあらゆるしごとをしています。しかし、そのしごとを、自前の組織で全部行っているのではありません。民間委託という言葉にあるように、民間（企業だけでなく、社会福祉団体や町内会、ボランティア団体なども含みます。）も、そのしごとの一部を引き受けます。また、地域における公共的な事項であっても、まずは地域で活動するさまざまな組織・団体・人々が自主的に、自律的に活動してこれを担っていることもあります。ここでは、こうした地域で公共的な活動を担っている主体のうち、自治体の事務と比較的深くかかわる組織・団体として重要なものについて、簡単にみていきます。

（ア）町内会、自治会

市町村や指定都市の区より狭い一定区域の住民の自治組織として、町内会や自治会などの地縁を基礎とした団体（以下「町内会」といいます。）があります。かつて町内会は、戦争遂行のための行政の末端組織的な性格（配給などを実施）をもっていましたが、現在では、その性格は否定されています（自治260の2Ⅵ）。現在の町内

会は、たてまえとしては、良好な地域社会の維持・形成のための各種の共同活動を行う任意団体です。ただし、自治体は、現実にはさまざまなことで、町内会の協力を得てしごとを進めています。なお、町内会の活動内容は、地域によって多様です。

　従来、町内会は、法人となれなかったために、不動産を町内会名義で登記することができませんでした。現在は、規約を定めるなどの一定の要件を備えた町内会は、市町村長の認可を受け、町内会名義で不動産にかんする権利を取得し（自治260の2Ⅰ）、これを登記することができます。

（イ）社会福祉協議会

　地域福祉の分野では、社会福祉協議会が重要な役割を果たしています。ここで、地域福祉というのは、自治体、社会福祉法人、医療機関、ボランティア、地域住民が連携して地域全体で社会福祉を充実させることを、おおむね意味します。社会福祉協議会は、社会福祉法にその根拠があり、指定都市の区、市町村（特別区を含みます。）、都道府県、全国を単位として設立するものです（社会福祉法109〜111）。そして、市町村の社会福祉協議会の大半は、社会福祉法人という法人です（〔コラム13〕参照）。

〔コラム13〕社会福祉法人

　社会福祉法人は、社会福祉事業を行うことを目的として社会福祉法に基づき都道府県知事などが認可をして設立する法人です（社福22）。この社会福祉事業は、第一種社会福祉事業と第二種社会福祉事業に分かれます。第一種社会福祉事業は、老人ホームなど宿泊型の福祉施設の経営を中心とした事業です（社福2Ⅱ）。また、第二種社会福祉事業は、老人デイサービス（入浴サービス）施設など日帰り型の福祉施設の経営を中心とした事業です（社福2Ⅲ）。

社会福祉協議会は、その地域の社会福祉を目的とする事業の調査、総合的企画、連絡調整・助成、普及宣伝、社会福祉活動への住民参加の援助などを行います。具体的には、在宅福祉サービスの中心である食事や入浴サービス、低所得者や障害者などに対する生活や福祉のための資金の貸付け、機関誌の発行などの事業を行います。

（ウ）第三セクター

　住民の行政ニーズが年々複雑多様化しているため、現行の自治体の運営（組織・財務・人事等）のしくみややり方では、十分で、かつ、効率的な対応が難しいことが増えてきました。そこで、自治体は、自らの出資等によって「一般社団法人及び一般財団法人に関する法律」に基づく一般社団法人または一般財団法人あるいは、それらの法人のうち、「公益社団法人及び公益財団法人の認定等に関する法律」に基づき公益目的事業を行うとして認定を受けた法人や会社法上の株式会社を設立して、行政ニーズに対しより効率的かつ的確にこたえようとしています。このテキストでは、こうした住民の行政ニーズに対応するため自治体が出資して主導的に設立した一般社団法人・一般財団法人や株式会社を、広く第三セクターと呼ぶことにします。

　第三セクターは、その設置・運営に多かれ少なかれ自治体の公金（税金等）を用います。そこで、自治体は、第三セクターへの出資割合、財政援助の状況に応じて、必要な関与を行います。たとえば、首長がその第三セクターの経営状況を示す書類を議会に提出したり（自治243の3Ⅱ）、監査委員や外部監査人（→113頁）がその第三セクターの財務にかんする監査を行ったりします（自治199Ⅶ・252の42）。

　なお、第三セクターの乱脈な経営が自治体の財政にも大きな悪影

第3章　自治体行政の組織はどうなっているか

響を及ぼしてきています。事業が行き詰った第三セクターの破たん処理や、自治体による第三セクターの損失補償（〔コラム27〕→234頁）の是非、新しい自治体財政の健全化制度における第三セクターとの財務関係情報の連結（自治体財務情報と第三セクターの財務情報をあわせてひとつの財務情報にする）など、第三セクター制度は、今、大きな曲がり角に来ています。

　（エ）NPO（Nonprofit　Organization
　　　　　またはNot-for-profit　Organization）

　大震災や大事故などに、ボランティアが大きな役割を果たしてきました。また、住民の多様な行政ニーズに的確に対応するには、これまでのサービスの提供主体（自治体、町内会、社会福祉法人、第三セクターなど）だけでは不十分になりつつあります。そのようななかで、NPOが注目されています。

　NPOとは、公共的な活動をする民間非営利団体のことをいいます。ここでいう非営利とは、儲かった利益を関係者間で分配しないという意味です。つまりNPOは事業体ですが、たとえ利益をあげる活動を行ったとしても、それを分配せず、つぎの事業のために使う組織です。この意味で無償行為を本来的な前提とするボランティアとは異なります。日本では組織化されたNPOが増えつつあり、福祉、環境保護、文化芸術などさまざまな分野でNPOの活動が広がっています。なお、外国では、この種の組織・団体が仮に国内（の一地域）だけを活動範囲としていても、NGO（Non Governmental Organization＝非政府組織）と称する場合があります。

　こうしたNPOの意義を考えると、その存在を法的に正式に認め（法人化など）、財政基盤の確立などについて行政や住民が支援できる制度が重要になります。特定非営利活動促進法は、一定の要件を

124

満たす NPO が法人となれるようにしました。また、同法によって、NPO は税制面での優遇措置を得られるようになりました。現在は、国の税制優遇措置も含めて、その優遇措置を受けられるかどうかの決定権限が、国の行政機関ではなく、都道府県と指定都市に委ねられているという点で、特色があります。

　NPO は、自治体にとっても、緊張関係を伴う重要なパートナー的な組織となるものといえます。

（オ）自治体とこれらの組織とのかかわり方

　自治体は、こうした各種の組織・団体あるいは住民と密接に連携してはじめて、住民福祉の増進などの自治体の存立目的（公共性）を果たすことができます。そのなかで自治体や自治体職員は、これらの組織と役割を分担し、また、調整役の機能を果たしていくことが必要です。その際、つぎの点が重要になります。

　第 1 に、これらの組織は行政の末端機関ではありません。社会福祉協議会のようにきわめて公的な組織であっても、行政とは別の組織です。自治体職員とこれらの組織で活動する人々の間に上下関係はないということを肝に銘じて、関係者とともにしごとを進めなければなりません。これらの組織の自立性を損なわないで、その活性化と充実を図っていくことが大切なのです。

　第 2 に、こうした組織がその運営・経営において自治体から独立しているとしても、自治体の任務をこうした組織が担うときは、その活動に対する自治体の法的責任（監督責任、損害賠償責任等）が残ります。たとえば、社会福祉法人が設置する児童養護施設内での暴行事件にかんして、その施設に被害者である児童の入所を決定した県に対して損害賠償義務を認めた最高裁判決があります（児童養護施設暴行事件。最判 2007(平成 19)年 1 月 25 日判例時報 1957 号 60 頁）。

125

第3章　自治体行政の組織はどうなっているか

4　外部委託化・民営化の進展とその問題

（1）行財政改革の要請

　日本では、近年、社会経済の構造改革のための大きな制度改革が矢継ぎ早に行われています。地方自治にかかわる諸分野においても改革の影響は多大なものとなっています。しかも、地方（自治体）の財政危機も加わり、こうした改革が自治体活動に大きな変革をもたらしています。

　とくによく目につくのが、経費削減を最大目的とした自治体「経営」を追求する動きです。これは市町村合併や公務員制度改革などさまざまな分野にかかわりますが、以下においては、自治体が直接行う仕事を民間に委ねる、いわゆる外部委託化・民営化の主な手法をみていきます。

（2）外部委託化・民営化の手法

（ア）指定確認検査機関

　建物を建築するためには、工事にとりかかる前に、その計画の内容が建築基準法や関連法令に適合しているかどうか、自治体の建築主事に申請して確認を受ける必要があります（建築確認。建築基準法6）。ところが、現在は、民間の「指定確認検査機関」も建築確認ができます（建基6の2、77の18〜35）。

　その結果、申請者は、全国の民間機関（会社など）のなかから申請先を選定することが可能になりました。一見便利のようにみえま

126

すが、指定確認検査機関による建築確認が進むと、自治体には建築確認申請の情報が入らなくなります。その結果、ハートビル条例（高齢者や障害者等の利用しやすい建築物の建設を進める）や街並みにかんする景観条例などによる「総合的まちづくり行政」を建築確認の施策と併せて行うことが、難しくなっています。

（イ）「公の施設」の指定管理者

公の施設（→34頁）は、行政が運営するのが原則です。しかし、条例の定めるところにより、議会の議決を経て管理者を指定し、その管理者が施設を管理することができます。これを指定管理者制度といいます（自治244の2Ⅲ）。これにより、営利企業も、公の施設を管理できるようになりました。

（ウ）地方独立行政法人

自治体の事務・事業のうち、自治体とは別の法人が実施するようにする地方独立行政法人制度というものがあります。対象業務の範囲は、試験研究、公立大学の設置および管理、地方公営企業法（→110頁）が適用される8つの事業（水道・ガス・病院など）や社会福祉事業などです（同法21）。実際には、公立大学、公立病院の地方独立行政法人化が目立ちます。地方独立行政法人は、自治体から独立した経営体として、経営面での独立性を有します。一方で、経営効率が追求され、運営費や人件費の切下げが意図され、現に進行しています。

（エ）PFI

「**PFI（Private Finance Initiative：プライベート・ファイナンス・イニシアティブ）**」は、公共施設等について、民間企業が事業主体となって行政と契約を締結し、自らの資金とノウハウを活かして、設計・建設から維持管理・運営までのサービスを提供するものです。行政

は、提供されるサービスの内容や水準を決定し、保つために、監視等を行います。**PFI法（民間資金等の活用による公共施設等の整備等の促進に関する法律）** がこれを規律しています。PFIの対象となる公共施設等は、道路、空港、公園、上下水道、庁舎、公営住宅、教育・福祉・文化・観光施設など、多種多様です（同法２）。

　（オ）公共サービス改革（市場化テスト）など

　競争の導入による公共サービスの改革に関する法律（公共サービス改革法） は、これまで行政が担っていた業務について、行政の当該部門と民間企業との間（**官民競争入札**）で、あるいは民間ですることを前提にして民間企業同士（**民間競争入札**）で入札をして、落札者が当該業務を行うことにするしくみです。**市場化テスト**とも呼ばれています。自治体の窓口業務（戸籍・住民票・印鑑登録・税の証明など）の一部について、この法律が適用されます。

　なお、公共サービス改革法に定められていない行政サービスについても、自治体が独自に入札をして民間に業務を担わせることが数多くあります。

（3）外部委託化・民営化の問題点

　これら外部委託化・民営化の各制度は、行財政改革の推進や自治体の財政難から、多くの自治体で活用されています。これにより地域によっては、財政的な効果があったり、地域における公共的な事項についての民間活動が活性化したりしたかもしれません。

　一方で、外部委託化・民営化は、ある特定の社会経済思想（イデオロギー）を身にまとって実施されてきています。たとえば、自治体を営利企業と同視し、住民を「顧客」または「消費者」としてと

らえ、人件費を削減して価格に見合った品質のサービス提供をめざすという思想です。こうした思想に批判的な人は、外部委託化・民営化などにかんする一連の動きを、公務の市場化と呼ぶことがあります。

「住民との協働」論についても、このような公務の市場化（外部委託化・民営化）を正当化し、推進する考え方としてこれを批判する見解があります。たしかに、公務の市場化にかんしては、つぎのような懸念事項が挙がっています。

（ア）人権保障の低下

公務の市場化では、国民の基本的人権にかかわるものが「商品」として扱われます。この発想では、住民は、所得格差に応じた行政サービスの選択を余儀なくされるおそれがあります。たとえば、保育行政における延長保育や英語教育、アトピー代替食などが、ことごとく別料金になる可能性があります。そうしたことを通じて、本来、子どもたちが平等に享受すべき保育内容に、保護者の所得格差に応じた階層化が進み、それが拡大していくおそれがあるのです。

（イ）民主的統制の低下

市場化は、住民にとって関心の高い部分を「企業秘密」というブラックボックスのなかに押し込めてしまいます。たとえば、民営化の成功例とされている日本の国鉄についても、民営化後のJR各社の経営情報は、旧国鉄時代より公開されなくなりました。公立図書館が指定管理者により運営されて、経営ノウハウを理由に、併せて受託していた図書選定業務等の情報がことごとく秘密になってしまった例もあります。そこで、市場化された自治体のしごとを、住民自治の立場からいかにして住民の目に届くようにしておくか、ということが課題になります。

第3章　自治体行政の組織はどうなっているか

　とくに外部委託化・民営化は、住民の暮らしや生活に密接にかかわる分野のものばかりです。しかし、住民の多くは、その自治体から引っ越し等をしない限り、そのサービスを別の企業や自治体から受け取ることはできません。しかも、民間企業が利潤を出しても、住民には直接は何も還元されません。

　人権保障の低下と民主的コントロールの低下は、住民自治の形骸化をもたらします。しかし、本来、私たち住民は、税金などを支払って行政によるサービスを購入する「お客様」ではなく、まちづくりの主人公たる「主権者」です。したがって、自治体が各種の外部委託化・民営化を行うとしても、こうした問題を引き起こさないような手立てを講じるべきと、われわれ編者は、考えています。

　なお、**公共サービス基本法**は、安全かつ良質な公共サービス（行政サービスと同じと考えておいてください）が、確実、効率的かつ適正に実施されることなどが公共サービスにかんする国民の権利であるとし、公共サービスの受託者と自治体の間の責任分担の明確化や、公共サービスにかんする施策策定過程の透明性確保などを求めています。

130

第4章
自治体の情報は住民の〈財産〉

第4章　自治体の情報は住民の〈財産〉

1　行政情報とは何か

（1）行政情報の定義

「情報」とは、岩波書店『広辞苑（第6版）』（2008年）によると、「或ることがらについてのしらせ」あるいは「判断を下したり行動を起こしたりするために必要な、種々の媒体を介しての知識」のことをいいます。

　私たちは、経済活動や社会生活に必要な情報をさまざまな方法で手に入れ、その情報に基づいて活動しています。現代社会では、ヒト、モノ、カネと並んで「ジョウホウ（情報）」が、社会経済生活に不可欠となっています。

　自治体も、非常に多くの情報を保有しており、これを活用して活動します。自治体が保有する情報は、住民のプライバシー（→159頁）にかんする情報や、自治体が作成した行政運営にかかわる情報など、多種多様です。このテキストでは、自治体の機関（議会および執行機関）が、その活動のために保有する情報を、すべて行政情報と呼びます。なお、この「保有する」というのは、具体的には、収集・作成すること、保管することを意味します。【図4-1】は、自治体が収集する行政情報について、その態様による大まかな分類です。

（2）行政情報法の重要性

　情報は、①収集・作成、②活用、③保管・廃棄の過程を経て処理するものです。自治体の職員のしごともこのような過程に沿った流

132

1　行政情報とは何か

【図 4-1】自治体はどのような方法で行政情報を得ているのか

収集の方法	その自治体自らが積極的に収集	相手がその行政情報を提供
権力的 （※ 1）	（法に基づく）立入調査、立入検査（※ 2）	法上の義務となっている届出・報告、許認可等の申請（※ 3）、契約で情報提供義務を負うもの（※ 4）
非権力的 （※ 1）	相手に法的回答義務のないアンケート調査・面接調査等の調査（※ 5）、住民との対話・会合（※ 6）	陳情（※ 7）、公益通報（※ 8）自治体と契約するために必要な生活状態・経営情報の提供（※ 9）、中央省庁・他の自治体からの任意の情報提供

※ 1　「権力的」とは、その自治体が法的な強制的権限を行使して入手したり、相手が法的な届出などの義務に基づき、自治体に情報を提供したりするような場合をいいます。「非権力的」とは、権力的な態様以外で収集する方法をいいます。

2　行政調査（→ 197 頁）を参照してください。

3　許認可等（→ 183 頁）の申請をするときには、申請書やその添付資料に記載する内容は、重要な行政情報です。その情報を自治体に知らせないと許認可等を得られないという意味において、許認可等の申請から自治体が得た情報の収集態様も、「権力的」に含めます。

4　直接的な「情報の売買」契約（例、新聞の購入）や、各種業務の委託契約等に基づき、相手が負う情報提供義務が、まずこれにあたります。また、公害防止協定などによって、相手方（住民）が、情報を提供する義務を負うこともあります。

5　たとえば、中央省庁の公務員や他自治体の職員との職務上の交流により職員が入手した名刺も、この態様により収集した行政情報のひとつです。また、大規模開発事業等の事業者が法的な義務のない（たとえば要綱に基づく）環境影響評価を行って、評価書を自治体に提出することも、ここに含まれます。

6　各種事業の説明会や特定の政策テーマにかんする自治体主催のシンポジウムにおいて専門家や出席した住民が表明した意見も、行政情報になります。

7　陳情とは、国の機関（国会、行政機関）や自治体の機関に対して、ある事項について実情を述べ、適切な措置をとることを要望することをいいます。そのなかには、請願（→ 211 頁）に該当するものもあります。ここでいう陳情は、非常に多様な内容のものを総称したものです。

8　組織でなされる違法行為について従業員や職員が所定の窓口に内部告発するものです。告発者（通報した人）は、公益通報者保護法により解雇などから保護されます。

9　要綱に基づく福祉サービスを受ける場合に相手が提出する生活状態などの申告書や、指名競争入札の参加者の資格（地方自治法施行令 167 の 11）の申請も、これにあたります。

133

第4章　自治体の情報は住民の〈財産〉

れで行われています。ところが、近年の電子情報化の進展は、情報の処理の流れに大きな変化をもたらしています。文書作成ひとつをみても、紙の文書情報を作成し、活用後は文書綴りのようなものに保管をするというかつての方法に対して、いまでは、パソコンからグループウェア内のライブラリにアクセスし、定型文書ファイルをダウンロードし、このファイルに手を加え、活用後は組織内のフォルダーに保存をするというのが当たり前になっています。また、その際には、辞書による用字確認をはじめ、さまざまな情報確認をインターネットにより行うことが自然に行われています。

　ところで、自治体は、法に基づいて活動しなければなりませんから（→60頁）、行政情報の処理の各過程も法に基づかなければなりません。このように、行政情報を法的（法に基づいて）処理することをこのテキストでは「行政情報の管理」または「行政情報管理」と呼びます。

　情報化は、事務の効率化や住民へのサービス向上をもたらします。一方、収集された情報は、当初の事務の所管課を超えて複数の職場で利用が可能となります。これらの情報が個人情報の場合、行政におけるその処理のあり方が、個人の権利義務に重大な影響を及ぼします。民間企業では個人情報の流出がその企業の信用を失わせその営業継続に深刻な事態を招くことがしばしばあります。自治体における個人情報流出の影響はこれと同じか、それ以上です。1999年5月に京都府宇治市で22万件を超える住民情報が流出し、それがインターネット上で売買されていたという事件がありました。これをめぐる3人の住民から宇治市への損害賠償請求に対して、最高裁判所はひとり1万円の損害賠償を認めました（最決2002（平成14）年7月11日判例地方自治265号10頁）。もし、住民全員に賠償する

134

となるとその賠償額は 22 億円を超えることとなります。また、自治体職員が個人で所有しているパソコンに業務上の個人情報を保存していたものが、コンピュータ・ウイルスに感染しインターネットを通じて流出をするなどという事件も起きています。

　自治体は、①情報化社会のなかで自らの情報化政策を実現するため、②正確性、能率性を重視した情報管理を行うため、③個人情報保護制度など住民の権利利益を充実させるため、④情報公開制度など行政情報のアクセス権保障のため、法制度とその運用体制を整備しなければなりません。情報の自治体法制、つまり自治体情報法の整備が重要になってきています。

2　住民＝主権者には「行政情報にアクセスする権利」がある

（1）知る権利・国民主権と「行政情報にアクセスする権利」

　「行政情報にアクセスする権利」は、憲法に基づく「知る権利」と「国民主権の原理」を具体化するものです。

（ア）「知る権利」と「行政情報にアクセスする権利」

　憲法 21 条 1 項は、「集会、結社及び言論、出版その他一切の表現の自由は、これを保障する」と規定しています。この規定は、まず、「表現をする者の自由」、つまり住民・国民に対して自由に自己の意見を発表する権利（書く権利、話す権利）を保障しています。そして、条文の文言にはありませんが、この規定は「表現を受ける者の自由」として「知る権利」も保障するというのが、一般的な考え方です。

　この知る権利は、2 つの顔をもちます。ひとつは、「他人の意見

第4章　自治体の情報は住民の〈財産〉

を自由に読み、聞く権利」という顔です。政府からこうした他人の表現を受け取る権利を奪われないという意味で、この顔は、憲法が保障する基本的人権のうち「自由権」の側面を意味します。

　もうひとつは、「**自治体や国に対し、これらの統治機関が保有する情報の公開を求める権利**」という顔です。政府に積極的に権利の実現を求めるという意味で、この顔は、憲法が保障する基本的人権のうち、「社会権」または「国務請求権」という側面を意味します。この権利のことを、このテキストでは「**行政情報にアクセスする権利**」と表現します。なお、アクセスという言葉は、本来、「近づく」という意味です。

　（イ）「国民主権の原理」と「行政情報にアクセスする権利」

　国民主権（→52頁）の原理に基づき、憲法、法律、条例などが、参政権などの権利を、住民に保障しています（→34頁）。行政情報にアクセスする権利は、選挙権などの参政権を有する人だけに認められるものではありませんが、この参政権と密接不可分の権利です。行政情報は当局のみが独占するというのでは、住民（国民）は、正確な情報に基づく判断をすることができません。的確な判断の下で参政権を行使することも、できません。国民主権は名ばかりのものになります。

　自治体や国は、住民（国民）から信託を受けて存立するものです。行政情報にアクセスする権利によって、住民（国民）は、行政情報を自治体・国といわば共有し、自治体や国の進むべき道を正しく決めることができるのです。つまり、これら統治機関が保有する情報は、究極的には住民（国民）のもの（比喩的にいえば＜財産＞）であるといえます。

136

（2）「行政情報にアクセスする権利」をどう具体化するのか

「行政情報にアクセスする権利」は、憲法には、具体的な定めがありません。そのため、住民が憲法だけを根拠として直接行政情報の公開を求めて裁判に訴えても、現在の裁判所では、直ちには住民の請求を認めません。裁判で情報公開の訴えを認めるようにする（「行政情報にアクセスする権利」を具体化する）ためには、公開を請求できる人の資格やその手続などを、法律や条例で定める必要があります。

自治体は、1980年代前半から、**情報公開条例**を制定して、住民の「行政情報にアクセスする権利」を具体化してきました。国も、1999年、「**行政機関の保有する情報の公開に関する法律**（このテキストでは、以下「**行政機関情報公開法**」といいます。）を制定し、2001

〔コラム14〕 **広報**

政策や所管の事務について行政が周知宣伝活動をすることを広報といいます。広報は、住民からの求めに基づく情報公開制度と並ぶ（伝統的な）行政情報の住民への提供制度です。英語では、Public Relations（PR）といいます。広報は、広報誌（公報とは違います。→72頁）等の刊行物の発行、テレビ、ラジオ、映画、新聞等への広告の放映・掲出等が、その活動の中心です。そして、従来の自治体の広報活動は、行政当局にとって一方的な都合のよいお知らせにすぎず、自治体が検討中の政策にかんする行政情報は伝えていなかったきらいがあります。こうしたスタイルは、情報公開と住民自治の理念からは評価できません。しかし、情報共有化の理念が浸透し、住民からの求めに対する情報公開制度が定着し、さらにインターネットが普及することにより、従来型の広報活動は、次第に変化してきています。

第4章　自治体の情報は住民の〈財産〉

年に施行しました。

　法律や条例による情報公開の制度化は、行政の**説明責任**（アカウンタビリティ。→18頁）を果たし、「行政情報にアクセスする権利」を通じた住民の人権・権利の実現を確かなものとするためのはじめの一歩です。

　また、行政情報は、正確に、かつ、わかりやすく公開しなければなりません（〔コラム14〕→137頁）。都合のよいことだけを知らせるというやり方は、およそ許されません。これは、「行政情報にアクセスする権利」を実質的につぶすものです。

3　行政情報の管理はどうしたらよいか

（1）行政情報の電子化と処理手順

　自治体でも情報化は進んでいます。文書の作成はもちろん、統計数値の集計や指標の作成も、パソコンのアプリケーション・ソフトを使って行うのが当たり前になっています。

　また、文書の起案、決裁から管理までを、すべてコンピュータの文書管理システムで処理する「ワークフロー」を取り入れている自治体もあります。

　以下、このテキストでは、電磁媒体に記録する行政情報を、「電子行政情報」と呼びます。そして、ここで「文書」というときは、従来の紙に行政情報が記載されたものだけでなく、電子行政情報によるものも含めることがあります。

　このテキストでは、まず従来からの文書管理を眺め、その後に情報化に対応した文書管理を考えることとします。

138

3　行政情報の管理はどうしたらよいか

（2）行政情報管理のための法

　文書は、【図4-2】のようなライフサイクルをもちます。このテキストでは、この**文書のライフサイクル全体**を「**文書管理**」と呼びます。なお、文書の保管から廃棄等を行うまでを「文書管理」と呼ぶことがありますが、このテキストでは、これを「**狭義（狭い意味）の文書管理**」と呼びます。

　それでは、文書管理には、どのような法的規律があるのでしょうか。【図4-2】では、文書のライフサイクルにあわせて、これを大

【図4-2】文書のライフサイクルとその法的な規律

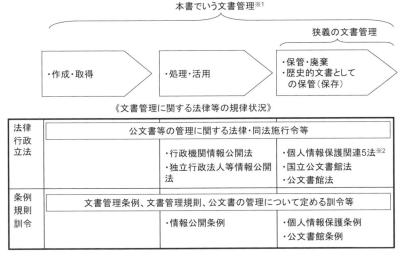

※1　法律や条例には、報告書の作成や公表について定めるものがありますが、この表は、個別の業務（しごと＝事務）ではなく、文書管理全般にかかわるものを挙げたものです。
　2　個人情報保護関連5法＝【図4-4】参照

第4章　自治体の情報は住民の〈財産〉

まかにまとめています。このうち、情報公開と個人情報保護にかんする法律についてはそれぞれの関係の深い箇所で説明し、ここでは、文書管理の過程全体の定めについて、説明をします。

　自治体の長、会計管理者、地方公営企業の管理者は、法律上、文書保管の権限・職務をもっています（地方自治法 149 ⑧・170 Ⅱ ⑤、地方公営企業法 9 ⑫）。そして、自治体の機関等（議会、執行機関）は、それぞれ独自に文書管理にかんする定めを訓令（→ 74 頁）や企業管理規程（→ 73 頁）、これらに基づく要綱等の形式で定めてきました。これらは、文書管理規程とか事務処理規程などと呼ばれています。これらの訓令、要綱そのほかの事例、様式、問答等をあわせて、『文書事務の手引』などのマニュアル（→ 75 頁）を作成する自治体もあります。

　文書管理の定めを訓令等で定めていることは、行政情報は住民のものであるという基本（→ 136 頁）に立ち返ると、妥当ではありません。2009 年、**公文書等の管理に関する法律（公文書管理法）** が制定されました（2011 年 4 月施行）。国の行政文書の管理の骨格は、法律で定められることになったのです。同法 34 条により、自治体の行政文書の管理についても、同様の施策の実施が求められています。条例に文書管理の基本的なことを定める必要があるでしょう。自治体でも、総合的な**文書管理条例**の制定が少しずつ進んでいます。

（3）文書管理の基礎

　以下、文書管理の各段階に応じて、大切なことをみていきましょう。

（ア）文書の到達と取得

　自治体の公文書は、他者（住民・国・他の自治体等）が作成したものと、その自治体が作成したものとに分かれます。このうち、他者が作成した文書は、郵送や持参により自治体に到達することによって、文書管理の対象となる公文書になります。「**到達**」とは、「**意思表示の内容が客観的に相手方の了<ruby>知<rt>りょうち</rt></ruby>することができる勢力範囲内に入ること**」です。郵送を例に考えましょう。

　郵送で自治体に到達する文書は大量です。庁舎や事務所に郵便で届いた文書は、文書課・文書係等の組織（文書主管課）が受け取ります。文書を受け取った文書主管課は、その文書を、その内容に関連するしごとを主管する組織（業務主管課）に配布します。そして、業務主管課では、配布を受けた文書にスタンプ（収受印）を押し、文書整理簿などに、件名、収受番号、収受の日時などを記録します。ここまでの一連の行為を公文書管理法の用例に従い「取得」と呼びます。つまり、ここでの取得とは、到達した文書を受け取り、到達を確認することです。

　一般に、**郵送による文書は自治体の事務所のどこかに届いた時点で到達したことになります**。これは、民法97条1項の「隔地者に対する意思表示は、その通知が相手方に到達した時からその効力を生ずる」という規定によるものです。つまり郵便受けに届いた時からということになります。取得手続は到達には関係ありません。マニュアルのなかには、取得手続を終了したときに到達したものとして取り扱うとするものがあります。しかし、これは法的には誤った説明です。なお、許認可の申請と届出の取扱いについては、行政手続法が、この到達主義をより明確にした条文を設けています（行政手続法7・37。→184、192頁）。

141

第4章 自治体の情報は住民の〈財産〉

（イ）文書の作成

職員が作成することによって発生する行政文書もあります。これには、通知文書などの対外的に発するものと、自治体の組織で用いるもの（いわば内部資料）があります。

重要なことは、文書は、自分の意思を相手に伝達する手段だということです。自治体の意思決定は、住民の権利義務にかかわる内容が非常に多くなっています。**自分の意思を相手に正確に伝達する**というのが、**文書の基本原則**です。

文書の形式面でも重要なことがあります。対外的な通知文書等には、その文書を発する法的権限のある人を発信元の代表者名として記載しなければなりません。たとえば、法的な許認可の権限が首長にあるのに、専決権（内部決裁権限）が課長にあるからといって課長名で許認可の通知書を出すことはできません（ただし、行政指導の文書の責任者について。→189頁）。文書の名あて人も同様です。また、その文書を作成した担当部署の連絡先（郵便番号、住所、部署名、担当者名、電話番号等）も、その文書に記す必要があります。

なお、こうした自治体が発する文書の内容を、自治体の意思として確定させるためには、つぎの起案文書により決裁を得なければなりません。

（ウ）文書の処理・活用

a 起案

自治体の意思決定は、基本的には、起案文書にその意思決定の権限、すなわち決裁権限をもつ者（決裁権者）が押印し、または署名することによって確定します。これを「**決裁**」といいます（〔**コラム15**〕→143頁）。

どの自治体も、起案文書の基本的な様式を起案用紙として定めて

います。しかし、現実の事務の大半は、定型的な調書、帳票の決裁欄の決裁で足ります。このような調書や帳票なども、それ自体が起案文書です。

　起案文書は、自治体の意思決定の基礎をなすものですから、重要な行政情報です。そして、今日では、行政情報は、基本的には住民に公開すべきものとなっています（→150頁）。したがって、職員は、決裁をする者の立場に立つことは当然として、住民の立場に配慮して文書を作成（＝起案）しなければなりません。重要な意思決定についての起案文書（たとえば、条例案にかんするもの）には、その案に至る理由（目的）や考え方を記すべきです。

　これは、住民のためだけではなく、今後の担当者にとっても必要です。起案文書にその理由や目的を記さなければ、後任者は、その政策（意思決定）を評価するための適切な尺度をもち得ません。情報公開制度（→148頁）の普及に伴い、重要な行政情報をあえて文書に記録しないという、行政情報の非文書化（非記録化）が各地でなされ大問題となっています。非文書化は、住民に対する自治体の説明責任（→18頁）の精神に反しますし、それだけでなく組織と

〔コラム15〕会議体（合議制機関）の意思決定と文書

　とくに重要な政策決定などでは、庁議などの最高幹部で構成する会議体によって、事実上、自治体の意思を確定するシステムをもつ自治体もあります。また、委員の間で合議を要する行政委員会等の執行機関の意思決定も、会議によって意思決定を確定させるものといえます。ただし、これらの会議体や行政委員会による意思決定でも、会議で決定した事項を議事録などにまとめて文書化する必要があります。その会議体、行政委員会等の構成メンバー以外の職員に決定内容を伝えることができないからです。

第4章　自治体の情報は住民の〈財産〉

しての活動能力を著しく低下させるものです。

　国では、法令の制定または改廃、閣議などの重要会議の決定・了解や、それらの経緯などについて、文書を作成することが義務づけられました（公文書管理法4）。自治体においても、同様の取組みが必要です（公文書管理法34）。

　b　送達

　起案文書の決裁が終わっても、しごとは終わりません。物品購入伺いの決裁を例にすると、その決裁内容に従った購入事務（入札などによる契約と、納品物の検査＝履行の検査）が完了してはじめて、その伺いにかかわるしごとは完結します。

　先に述べたように、意思表示は、相手方に到達してはじめて効力を生じます（民法97Ⅰ。→141頁）。これは、自治体の発する文書でも同じです。したがって、文書の相手方に到達するように送らなければなりません。これを送達といいます。都合の悪い内容の文書は、決裁を得ても意図的に送達しない例がありますが、これは、許されるものではありません（〔コラム16〕参照）。

　文書を普通郵便で出したときに、これが「転居先不明」などで自

〔**コラム 16**〕 **文書送達上の注意**

　たとえば、地方税が払いすぎになっている場合、自治体は、払いすぎの分を納税者に返還します（これを「還付」といいます。地方税法17）。自治体は、還付をするときは、その旨を通知しなければなりません（地方税法施行令6の13Ⅱ）。還付の通知は、その発送について決裁を得るだけでなく、相手方にきちんと送達しないと、効力を発しないのです。払いすぎの原因が自治体の事務処理ミスにあるときに、格好が悪いからといって払いすぎた額をこっそり納税者の銀行の口座に戻すといったことはできません。

3　行政情報の管理はどうしたらよいか

治体に戻ってくることがあります。この場合、文書の送達はなされていません。自治体は、文書の相手方を調べ直して、送達をし直さなければなりません（〔**コラム 17**〕参照）。

（エ）狭義の文書管理

　文書は、一定の基準により分類し、保管の期間を定めて、これをファイリング・キャビネットなどの適切な器具に保管します。執務場所の近くにはその年度とその前の年度程度の文書をおき、それより古いものなど使用頻度が低いものは倉庫等の別の場所に保管するといった形で保管をします。後者の保管を「保存」と呼んで区別することもあります。

　文書の分類をきちんと行い、文書がどこに保管してあるかをわかるようにしておくことは、狭義の文書管理の基本です。分類方法や保管状況の記録方法について最善の方法は、自治体によってまちま

〔**コラム 17**〕**公示送達**

　自治体の文書の送達にかんする一般法は、ありません。ただし、地方税関係などの文書については、特別法の定めがあります（例、地税 20、20 の 2、行手 15 Ⅲ）。そこで、相手方の行方が不明の場合に送達をどうすべきかが問題になりますが、これについて、確立した考えはまだありません。民法の公示送達の規定（民 98 －裁判所での掲示・官報への掲載等をする。）によるとする見解、自治体が告示することで足りるとする見解などがあります。前者は手続的には面倒です。しかし、後者の取扱いを濫用すると（例、十分な調査をせず何でも公示送達にする。）、送達の原則（到達主義）を安易に否定しかねません。結局、自治体が発する文書の内容によって、送達のあり方も異ならざるを得ないでしょう。そして、自治体の告示による公示送達で足りるとの説を採用するとしても、せめて、地方税法上の送達にかんする規定にのっとった手続をとる必要があります。

145

ちです。ただ、今日では、文書自体が電子されていることもあって、自治体は、何らかのコンピュータシステムを導入して文書管理を行っています。

保管の期間が過ぎた文書は、原則として、速やかに廃棄します。保管の期間を満了していない文書は廃棄できません。また、保管の期間を定めるにあたり、訴訟、審査請求、情報公開請求があったものなどは特に配慮が必要です。食糧費の不正支出が問題となっているときに、保管すべき関係文書を大量に紛失した自治体がありました。このような紛失行為は、証拠隠滅の犯罪行為といわれても仕方ありません。

一方で、保管の期間を過ぎた文書であっても、歴史資料として重要なものは、期間経過後も、保管（保存）しなければなりません。これは、自治体の法律上の義務（責務）です（公文書館法3）。こうした歴史資料となる重要な公文書を保存・公開し、専門職員が調査研究をする施設として、**公文書館**があります（公文書館4Ｉ）。日本には、自治体設置の公文書館は多くありませんが（都道府県・指定都市44館、市区町村24館。国立公文書館調査による。2014年4月時点）、欧米では、博物館、図書館と並ぶ重要な施設です。

（4）電子行政情報の管理のための法

紙に記録される文書の処理をみてきましたが、現在の自治体における行政情報は、電子・通信技術の進展により、大きく形を変えてきています。

たとえば、電子メールやファクシミリ（ファックス）による文書のやりとりです。国の中央省庁等からの照会とこれに対する回答の

多くは、電子メールを用いています。今日では、自治体も住民からの申請や届出をインターネット経由で受けつけたりしています。

こうした新しい形の行政情報を法的にどう管理するかが、ここでみてきた紙を中心とした文書管理に加えて、重要な法的課題になります。

こうした電子行政情報の取扱いにかんする「法」の対応は、十分ではありません。しかし、電子行政情報を公文書と認めたり、電子行政情報による事務処理を進めたりするための根拠規定などを、個別の法律や条例に設ける例が少しずつ出てきています。住民票、戸籍について、その電子行政情報化の根拠規定をおくのがその例です（住民基本台帳法6Ⅲ、戸籍法118～120）。また、「行政手続等における情報通信の技術の利用に関する法律」（行政手続オンライン化法）は、国の行政機関における申請手続などを電子ネットワーク上広く行えるようにする法律です。この法律の第9条は、自治体にも国と同様の措置を講ずるなどの努力義務を課しています。

（5）電子行政情報の安全性確保

電子行政情報の安全性の確保（セキュリティ）は、一般の行政情報と比較すると、かなり難しくなります。たとえば、電磁的な記録は、熱、湿気、磁気に弱いものです。また、不可視的なために、その記録の破壊、偽装が発見しにくいものです。さらに、電子化して保管する行政情報は、通常、大量の内容です。そこで、非常時における、自治体の業務や住民の権利義務への影響は、深刻なものとなります。

電子行政情報の安全性確保のため、経済産業省の定める「情報セ

第4章　自治体の情報は住民の〈財産〉

キュリティ管理基準」に従った措置を講じたり、情報処理システム
の安全性、信頼性、効率性や経済性を監査するためのシステム監査
制度を導入したりすることが必要です。

　今日、自治体の職場では、すべての職員が、パソコンでしごとを
するようになっているといっても大げさではありません。電子行政
情報には住民の個人情報が多数含まれています。ですから、職員全
員が電子行政情報の処理能力を高めるとともに、個人情報保護の法
的な扱いやシステムのセキュリティを熟知し、適正に管理する必要
があります。

　また、東日本大震災（2011年）では、庁舎が被害を受け、個人
情報など行政情報を管理していたコンピュータやサーバが壊れ、行
政情報の多くが消失した自治体がありました。災害復旧・復興に向
けた事務に大きな支障を来しています。電子行政情報の安全性確保
は、震災対策という面からも検討を必要としています。

4　住民と行政情報を共有する
大事なしくみ－情報公開制度

（1）行政情報にアクセスする権利を具体化する情報公開制度

　「情報の共有」という言葉は、自治体のパンフレットから総合計
画に至るまで、さまざまなところで使われています。第1次地方分権
（→252頁）を契機として、自治体の行政運営は住民の参加がなけれ
ば成り立たないと多くの人が考えるようになりました。そして、住
民が主権者として的確な判断を下すためには、自治体（の機関）が
有している行政情報が正確に、わかりやすく示されていることが前

148

提であることも、人々の共通の理解となってきました。自治基本条例や住民参加条例は、この「情報の共有」と「住民の行政活動への参加」のしくみを中心的な内容としています。

この「情報の共有」をすすめるためには、住民が行政情報にアクセスできなければなりません（→ 135 頁）。そして、この行政情報にアクセスする権利を具体化する制度として重要なものが、一般的な「情報公開制度」です。

現在では、ほぼすべての自治体がこの情報公開制度をもっています。

なお、この一般的情報公開制度によって住民がアクセスできるものは、自治体の保有する行政情報のすべてではありません。ごく一部にすぎないといってもよいくらいです。しかし、自治体からの一方的な情報の提供ではなく、住民自身が自分の欲する行政情報を手にする一般的なしくみがあるということが、重要なのです。

（2）情報公開制度の大まかなしくみは

ここでは、行政機関情報公開法をモデルにして自治体にほぼ共通する情報公開制度の大まかなしくみを、簡単に紹介します。

（ア）情報公開請求

この制度によって、特定の行政情報を入手したいと考える人は、その自治体に対して、行政情報の公開を求める書面（請求書）を提出します。この請求書では、どのような情報を入手したいのかを明らかにする必要があります。しかし、情報公開を請求した人（請求者）が、求めている行政情報を記録した文書が何か、どの部署がそれを保管しているか、知らない場合があります。そこで、情報公開請求

第 4 章　自治体の情報は住民の〈財産〉

の窓口の職員が、請求者の求める文書を保管する部署と連絡をとって、情報公開請求を受けつけます。

　なお、国の法律は誰でも（何人も）請求できるのですが、自治体の条例のなかには、請求権者を住民に限定し、その自治体に利害関係がある人でも、請求させないようにするものがあります。不適当な制度です。

　　（イ）行政情報の公開の実施・拒否

　請求を受けた自治体は、請求のあった行政情報の公開の実施・拒否について決定し、請求者に通知します。

　請求のあった行政情報（その範囲については→ 156 頁）は、原則的に公開しなければなりません。例外として自治体が請求を拒めるのは、おおよそつぎの場合です。

① 　請求先の機関等が情報公開を実施する機関でない場合

　情報公開請求は、情報公開制度の実施機関に対して行わなければなりません。かつては議会が実施機関でなかったため、議会関係の情報公開請求が拒否されたことがありましたが、現在ではほぼすべての自治体で、議会も実施機関となっています。もっとも、第三セクター（→ 123 頁）のように、自治体の事務・事業を担っている団体が自治体とは別の法人のときは、ほとんど実施機関となっていません。これらの団体が保有する、しかし実質的には自治体の事務事業にかんする情報の公開のあり方が、問題です。

② 　請求のあった情報が存在しない場合

　情報が存在しない場合とは、廃棄などをしてしまって情報自体が物理的に存在しない場合と、保管の期間が超過していて情報管理上存在しない場合があり得ます。後者の場合はこれを情報の不存在としないというのが情報公開制度の趣旨に沿った考え方です。

150

③　非公開情報の場合

　請求のあった情報が、条例で非公開とすべき情報（非公開情報）としているものにあたることがあります。とくに個人情報が含まれているときは、個人のプライバシー保護（→ 159 頁）のため請求を拒否しなければなりません。

　そのほかの非公開情報には、法人の営業上の情報、意思形成過程情報（→ 156 頁）、公共の安全にかかわる情報などがあります。いずれも例外の扱いですので、これらの情報であることを理由に公開を拒否する場合には、情報公開の制度趣旨を損なうことのないよう慎重な判断が必要となります。

　情報の公開は、関係文書等の閲覧やそのコピー（請求者への写しの交付）によります。

（ウ）審査請求

　自治体が、請求のあった情報の公開を拒否した場合、請求者は、直接、その拒否処分の取消しや公開の義務づけを求めて、裁判所に行政事件訴訟（→ 225 頁）を提起することができます。また、実施機関に対して、審査請求（→ 219 頁）をすることもできます。後者の場合、実施機関は、その案件を審査会等（附属機関。→ 114 頁）に諮問します。そして、審査会等の意見を十分に踏まえて（尊重して）、審査請求に対する判断をします。

5　行政情報を公開するというのは

（1）行政情報の「公開」の意味は

　情報公開という言葉には、特定の住民等からの請求に基づいて

第4章　自治体の情報は住民の〈財産〉

【図4-3】自治体における情報公開の態様による分類※1

	自治体に法的な義務があるもの	住民との関係で自治体に法的義務がないもの
住民からの請求に基づくもの	・一般的情報の公開※2 ・首長等の資産公開※2 ・政治団体収支報告書・政党交付金会計報告書の閲覧※2 ・聴聞の手続における資料閲覧※2 ・個人情報の本人開示※3 ・住民基本台帳の写しの閲覧※3	・要綱に基づく情報公開 ・窓口における住民などの求めに基づく情報公開※4
自治体側から積極的に公開するもの	・条例、規則等の公布※5 ・財政状況、人事運営状況、等級等ごとの職員数、事務の執行状況等の公表※6 ・審査基準、処分基準の公表※7 ・台帳、政策案等の縦覧※8 ・教示※9	・施策等の公表(広報誌、ちらし、パンフレット、パブリシティ、説明会・シンポジウム等)※10 ・図書館、公文書館、自治体情報コーナー等での行政情報の公開

※1　この表の情報公開の諸手段は、代表的なものを載せたもので、すべてを網羅したものではありません。また、公開の相手方が特定の人か不特定多数の人かといった、この表とは別の区分もありますので、この表の区分が唯一絶対のものとは考えないでください。

2　第4章5（7）を参照してください。

3　後述の第4章6（160頁）の本文を参照してください。

4　具体的な法の条文のない情報提供はここに入りますが、住民の権利の実現や、権利制限・義務づけにかかわる行政情報の提供は、場合によっては法的な義務となる可能性があります。

5　地方自治法16Ⅱ・Ⅴ。なお、一般競争入札を実施するときにも事前に必要な事項を公告します（地方自治法施行令167の6Ⅰ）。

6　成立した予算の要領の公表（自治219Ⅱ）、財政状況の公表（自治243の3）、監査委員による監査結果の公表（自治75Ⅲ・199Ⅸ・242Ⅳ）、地方公営企業の業務状況の公表（地方公営企業法40の2Ⅰ）、人事行政の運営等の状況の公表（地方公務員法58の2Ⅲ）、等級等ごとの職員の数の公表（地公58の3Ⅱ）、各種業務の年次報告書の公表（情報公開条例、個人情報保護条例、環境基本条例、公害防止条例などにあります。）などがあります。

7　行政手続法5Ⅲ・12Ⅰなどによります（→184頁、186頁参照）。

8　固定資産課税台帳の縦覧（地方税法416Ⅰ）、都市計画の案等の縦覧（都市計画法17Ⅰほか）、環境影響評価書の縦覧（環境影響評価条例など）などがあります。

9　許認可の取消しや営業停止命令などの不利益処分をするときは、あわせて、行政不服審査法に基づく審査請求や行政事件訴訟法に基づく取消訴訟について相手方に知らせなければなりません（行政不服審査法82、地方公務員法49Ⅳ、行政事件訴訟法46など）。

10　ここでパブリシティというのは、報道機関を通じた行政情報の公開のことをいいます。報道機関への行政情報提供を契機として、または報道機関自身が積極的に取材して、記事（ニュース）となっていくものです。

152

その人に公開するものと、広く住民一般に公開するものの2つが、含まれています。

　前者を「開示」と表現することがあります。しかし、この情報公開制度により住民等が入手できる行政情報は、自治体の側から積極的に広く住民に提供することもできる内容のものです。そこで、このテキストでは、「開示」という語を用いません。行政情報の「公開」を「**住民が行政情報を共有する方法を総称したもの**」と考えていることになります。

　住民は、なるべく手間と費用をかけずに、しかも、できる限り早く、必要な行政情報を入手したいはずです。ところが、情報公開条例を厳格に運用すると、かえって、この住民の要求にこたえられなくなりかねません。住民等からの請求に基づく情報公開にもまして、自治体の側から積極的に住民に各種の行政情報を公開する必要があります。これを行政情報の「公表」とか「提供」と表現することがあります。しかし、このテキストでは、「公開」と表記します。実際、個々の法律や条例が、実に多くの行政情報の公開（公表・提供）義務を自治体に課しています。【図4-3】は、自治体の情報公開を、その態様で大まかに分類したものです。

（2）どのような方法で情報を公開するのか

　自治体からの情報公開の場合、一部を除いて、その具体的な方法について自治体が法的規制を設けることは、多くありません。条例でみられるのは、抽象的な「情報提供」にかんする規定や、その施策にかんする報告書の作成についての規定などです。そして、この場合の公開の手段は、インターネットのホームページあるいは公報

第4章　自治体の情報は住民の〈財産〉

や広報誌への掲載が一般的です。また、その情報の受けるべき相手が特定の人のときは、その人に直接通知したり、関係者・関係団体に文書を出したりすることもあります。

　自治体は、その行政情報を最も必要とする住民が、これを容易に入手できるような手だてを講じなければなりません。たとえば、視力障害の方を対象にした福祉サービスの情報についての周知をパンフレットの配布やホームページへの掲載だけで行うといったやり方では、行政情報の公開としては不十分です。

　また、情報公開でも、平等原則などの「法の一般原則」が重要です。たとえば、ある助成制度について、その存在を一般には知らせずに、地元の有力者だけに教えるといった公正さを欠くやり方には、平等原則違反という法の規律が及びます。

　なお、情報化の進展の著しい現代社会では、電子情報にした形での情報公開（例、インターネットによる情報公開）も、必要不可欠です。これにより、住民は役所に行く手間と時間を省くことができ、自治体も定型的な行政情報の公開にはいちいち個別に住民に対応する必要がなくなります。ただ、ファクシミリや電子メールによる情報公開請求を認めない自治体や、ホームページ上、各種情報の請求書の書式が載っていなかったり、書式の所在場所が非常にわかりにくかったり、請求方法の説明が不十分であったりする自治体が、いまなお多数あります。住民が利用しやすいように、インターネットによる請求を認めたり、請求書の書式や、ホームページ上の所在場所をわかりやすくしたりすることが、必要です。

　もちろん、パソコンをもっていない人など、電子情報では情報を入手できない人もいますので、電子情報による情報公開だけでは不十分です。

154

（3）どのような形で情報を公開するのか

　行政情報の公開では、「そのまま」の情報を公開することが重要です。それとともに、その情報を、住民にわかりやすい形に要約したり、加工したりして公開することも必要です。

　行政文書のなかには、自治体の業務の観点からは便利なものであっても、そのまま公開しては住民にわかりにくいものがあります。とくに予算書、決算書などの財政情報は、きわめて重要な行政情報ですが、住民には非常にわかりにくいものになっています。予算書、決算書の作り方やその公開方法に工夫をする自治体もありますが、総じて不十分です。そこで、自治体の財務会計情報のアカウンタビリティ（→ 18 頁）の向上などを目的として、国の指導により民間の企業会計をモデルとした（公）会計制度改革（**バランスシート＝貸借対照表**の導入など）が自治体で進められています。2018 年 3 月（遅くとも 2020 年 3 月）末までに、複式簿記の導入など、統一的な基準による会計制度の見直しが、必要となります。

　また、福祉のサービスについての情報公開は、単に公報や広報誌に掲載してすむものではありません。福祉関係の組織・団体を通じたり、直接・間接の担当窓口での職員によるきめ細やかな対応をしたりすることによる情報公開が必要です。裁判所が、この配慮が足りなかったことが違法であるとして、自治体に損害賠償を命ずることもあります。このような情報公開における配慮は、結局は、人間としての思いやりや人権感覚を、自治体職員に問うものです。

第4章 自治体の情報は住民の〈財産〉

（4）どの時点で情報を公開するのか

　情報公開制度では、通常、最終的な意思決定をする前の情報で支障があるもの（**意思形成過程情報**）は、公開しなくてもよいとしています。「職員が政策の立案実施について自由かつ率直に討議することを妨げないため」といったことをその理由にあげる自治体関係者がいます。しかし、行政情報の公開がなぜ必要であるかという原点に立ち返ると、そのような考えは、およそ正当化できません。

　地方自治の本旨である住民自治を真に実現するためには、住民の参加に基づいて自治体が意思決定を行う必要があります。そして、住民が参加するには行政情報を共有することが不可欠の前提です。つまり、意思形成過程情報こそ公開すべきものです。自治体の政策には複雑なもの、比較的単純なものがあり、どの時点でどのような内容の意思形成過程情報を公開すべきかは、一概にはいえません。しかし、少なくとも、意思形成過程情報であっても真に住民の不利益になるもの以外は、できる限り公開しなければならないはずです。行政機関情報公開法では決裁の終わっていない文書などであっても、職員が組織的に用いるもの（組織共用文書）については、法の適用対象とし（情2Ⅱ本文）、意思形成過程の情報についても公開する場合があることを予定しています。

（5）どのような情報は公開してならないのか

　もちろん、真に住民に不利益をもたらす情報は、逆にその秘密を守ることが職員の義務であることも忘れてはなりません。たとえば、

156

プライバシーにかんする個人の情報（→159頁）など、住民の基本的人権にかかわる情報の多くは、秘密にすべきものです（〔コラム18〕参照）。

　もっとも、その人権の性質と、公開することによる公益（公共の利益）との関係で、公開とすべきものもあります。公害にかんする企業情報は、（憲法22条の営業の自由に由来する）企業秘密に属するかもしれません。しかし、公害で人々を苦しめて得る企業利益を、公開による健康被害の低減などの公益より保護する合理的理由は、見出しがたいものです。この種の情報は、通常は、公開すべきです。

　なお、秘密とすべきものについても、その部分を除いて公開できるものは、できる限りそうする（部分公開する）必要があります。

（6）地域にあった情報公開制度

　行政機関情報公開法の条文には、先行した自治体の制度よりも情報公開に前向きなものがあります（ただし、国における法律の運用に

〔コラム18〕情報公開制度の誤った運用

　自治体が、非公開情報を定める規定を不当に拡張解釈（→91頁）して、情報を公開しないという運用をすることがあり、問題となっています。同内容の行政情報の公開を求めたところ、公開を拒んだ割合は、情報公開制度のない自治体よりも制度のある自治体の方が高かったという調査さえあります。制度化をする前は、所管課で、無料でコピーを得られたのに、制度化後は、別の窓口で請求し、時間がかかり、コピー代まで支払う羽目になったという例もあります。さらには、以前には入手できたものが制度化後は入手できなくなったという事例もあります。これは、情報公開制度の本来の目的を取り違えているものです。

第4章 自治体の情報は住民の〈財産〉

は問題が残ります。)。たとえば、法律では、対象となる情報が、決裁などの手続を終えているもの（既存の自治体の大半）から、こうした手続が未完了でも組織共用文書についてまで、拡大されました（→ 156 頁）。情報公開条例は、せめて行政機関情報公開法並みの水準にすることが必要です。

　すでに、法律よりも地域にとって使い勝手の良い（積極的な）情報公開制度としている自治体もあります。たとえば、北海道のニセコ町の情報公開条例には、公開請求された情報の記録がないときは、自治体が調査・記録し、請求者に情報を交付するというしくみがあります。各自治体は、単に法律を引き写すのではなく、優れた例を十分に研究して、地域にあった制度を構築しなければなりません。

（7）特別法による行政情報の公開

　こうした情報公開制度のほかに、特別法による情報公開制度があります。首長や、議会の議員の資産等の公開制度がその例です。

　また、首長は、職員の人事行政の運営等の状況を公表しなければなりません（地方公務員法 58 の 2）。さらに、首長には、職員の職務の複雑、困難および責任の度に基づく等級および職員の職の属する職制上の段階ごとに、職員の数を公表することが義務づけられています（地公 58 の 3）。

　ほかにも、政党などの政治団体の収支報告書や政党支出金の会計等にかんする報告書の閲覧制度（都道府県選挙管理委員会限定。政治資金規正法 20 の 2 Ⅱ、政党助成法 32 Ⅴ）、聴聞（→ 187 頁）における当事者等のその事案にかんする資料の閲覧制度（行政手続法 18）などがあります。

158

6　個人情報の保護はなぜ必要か

（1）プライバシーの権利

　人は、誰も、その私生活を理由もなく、おおやけにされたくはありませんし、他人から干渉を受けたくもありません。こうした、「**個人の私生活にかんする情報を、他人や社会に知られず、干渉を受けないことやその権利**」のことを、(狭義の) プライバシー（プライバシーの権利）といいます。

　プライバシーは、憲法 13 条の「幸福追求に対する国民の権利（幸福追求権）」を保障するために必要不可欠のものです。また、プライバシーを守るためには、個人の情報の利用や保管について、自分自身に決定する権利がなければなりません。そこで、プライバシーの権利という概念は、今日では、自己情報コントロール権を意味するとの考え方が強くなっています。

（2）自治体における個人情報保護制度

（ア）個人情報保護条例の制定

　自治体は、住民税の申告や福祉資金の申請などいろいろな部門で、その活動に伴って、実に多くの住民個人にかんする情報（個人情報）を保有しています。氏名、年齢、家族関係、職業、所得、資産、病歴、犯罪歴等々です。こうした個人情報の多くは、まさに個人のプライバシーにかかわるものです。そのため、自治体が保有する個人情報の保護が大切になります。近年は、さまざまな業務でコンピュータ

を利用して大量に個人情報を処理（収集、蓄積、利用）するしごとが増えています。

　個人情報保護法が 2005 年 4 月に施行され（→ 72 頁）、現在では、すべての自治体で、個人情報保護条例を制定しています。

（イ）個人情報保護条例の大まかな内容

　個人情報保護条例は、プライバシー保護のため、どのような規定をおいているのでしょうか。この条例は、大まかに、①自治体の機関における個人情報の取扱いと、②本人からの自分の個人情報（本人情報）の開示請求について定めています。自治体によっては、民間が保有する個人情報も条例の対象とし、③民間が保有する個人情報の取扱いに対する自治体の指導などについての規定を設けています。①、②について簡単に説明します。

　まず、個人情報の取扱いとして、①適法公正な手段による収集、②収集の目的の範囲内での利用、③適正な管理（適時適切な廃棄、登録簿の作成・閲覧）について定めます。

　つぎに、住民は、情報公開制度（→ 149 頁）とほぼ同様の手続で、自己の本人情報について開示の請求ができます（原則無料）。そして、開示された個人情報に間違いがあった場合、その住民は、自己情報の訂正を請求することができます。また、自治体が古くなった個人情報を廃棄していない場合などに廃棄するよう自己情報の取扱いの是正を請求することもできます。こうした開示請求や訂正請求に対する自治体の決定に不服がある場合には、審査請求や行政事件訴訟を提起することができます。審査請求があった場合には、情報公開制度と同様に（→ 151 頁）、審査会等に諮問するしくみをとる自治体も相当あります。

（ウ）情報公開との関係

　個人情報保護条例は、情報公開とも密接にかかわります。学校の内申書であるとか事故報告書の公開を求めて裁判になった例を考えてみます。情報公開条例に基づく情報の公開は、誰に対しても公開できる情報を公開するものです。たとえば、1年間にどのような学校事故が何件あったかという情報や、そのなかで教師による体罰事故が何件あり、そして何人の先生が懲戒処分を受けたかという情報などです。一方、体罰を受けた児童やその両親が、体罰事件の起きた理由や学校側の事件の処理方法について知りたいときは、個人情報保護条例に基づいて、児童の本人情報の開示を請求します。この請求は誰でも行えるものではありません。本人およびその法定代理人である両親等にのみ請求権があります。ほかの人が情報公開制度に基づき請求しても、公開できません。

　このように、個人情報保護条例に基づく自己情報開示請求制度は、自己情報コントロール権を保障するためのもので、情報公開制度を補完する機能ももっています。

（3）個人情報保護制度において注意しなければならないこと

　自治体が保有するすべての個人情報が、個人情報保護条例の適用を受けるというわけではありません。たとえば、住民票は、住民基本台帳法により、一定の事由があるときに、その写しの一部を閲覧したり、その写しの交付を求めたりすることができます。プライバシーの根幹をなす住所、氏名、生年月日、性別（いわゆる住基4情報）が法律により公開されることがあるのです。

　職員の心構えとしては、それぞれの法律や個人情報保護条例をよ

第4章　自治体の情報は住民の〈財産〉

く読んで、決してプライバシーの侵害が起こらないようにすること
が大切です。たとえ上司からのものであっても、娘の縁談の相手が
どのような家族の状況かといった個人的な問合せには、答えてはい
けません。

（4）個人情報保護法の成立と個人情報保護条例

　1999年に、住民基本台帳法の改正がありました。これは、**住民基本台帳ネットワークシステム**の導入に向けた改正でした。ただ、このシステムによって市町村の管理する住民基本台帳の情報が1か所に集約されることから、個人情報の保護をめぐりさまざまな論議がありました。その論議などを受け、2003年に、**個人情報の保護に関する法律（個人情報保護法）**をはじめ関係5法が成立しました。

　個人情報保護の法体系は、個人情報保護法の1章から3章までが民間部門と公的部門を対象にした基本法となり、4章から6章までが民間部門の一般法にあたります。行政部門では、国の機関の個人情報保護を定める「行政機関の保有する個人情報の保護に関する法律」（行政機関個人情報保護法）などと自治体が制定する「個人情報保護条例」が並立的に位置づけられることになります（**【図4-4】**）。

　なお、個人情報保護法は、2015年に改正されました。誰の情報かわからないように加工された「**匿名加工情報**」という区分を設け、これについて企業の自由な利活用を認めるようにするなど、かなり大規模な法改正が行われています。

6　個人情報の保護はなぜ必要か

【図 4-4】個人情報保護の法体系

※個人情報保護関連 5 法とは、上記の「個人情報保護法」、「行政機関個人情報保護法」、「独立法人等個人情報保護法」のほかに、「情報公開・個人情報保護審査会設置法」と「行政機関の保有する個人情報の保護に関する法律等の施行に伴う関係法律の整備等に関する法律」の 5 件の法律をいいます。

（注）宇賀克也『個人情報保護法の逐条解説（第 4 版）』（有斐閣、2013 年）19 頁をもとに作成

（5）番号法の施行と個人情報保護

　2013 年、「**行政手続における特定の個人を識別するための番号の利用等に関する法律**」（「**番号法**」とか「**マイナンバー法**」と呼ばれています。）と関連法律が成立しました。この法律の主要部分は、2015 年 10 月から施行されました。

　番号法は、税や社会保障などにおいて、個人番号や法人番号を共通のものとして、行政の効率化や、さまざまな場面での本人確認

第4章　自治体の情報は住民の〈財産〉

をスムースにするようにすることを目的としています（番号法1）。
また、この法律は、個人情報保護法制の特例を定める法律です（番
号法1）。ここで挙げた法人番号のしごとは国税庁が担当するので、
ここでは、自治体の実務でかかわる個人番号のことについて少しみ
ていきます。

　この個人番号とは、住民票に記載された個人それぞれにつけられ
る番号のことをいいます（番号法2Ｖ参照）。全国共通の番号とする
ため、この番号づくりは「地方公共団体情報システム機構」という
特別に設置される法人が行います（番号法8）。電子的なやりとりを
経て、市町村（この（5）では、特別区と指定都市の区・総合区を含みます。）
は、その人に付与された個人番号を、その人の氏名、住所、生年月日、
性別と個人番号などが記載されたカード（個人番号カード）により、
その人に通知します（番号法7）。

　また、市町村は、申請により、個人番号カードを交付します（番
号法17）。個人番号カードは、とくに運転免許証やパスポートをも
たない人の身分証明書として利用されることが期待されています。

　この個人番号は、税や社会保障の共通番号となって、広く活用さ
れますが、悪用されるとその個人だけではなく行政や取引社会にも
多大な影響があります。そこで、個人番号を含む個人情報について
「特定個人情報」という区分が設けられました（番号法2Ⅷ）。そして、
番号法は、特定個人情報については、自治体でも国の行政機関と同
様に、個人情報保護条例より手厚く・厳格な保護をすることを自治
体に義務づけています（番号法31）。

　なお、今後、個人番号のさまざまな分野での利用拡大が、法律な
どにより進められることが想定されています。自治体においても、
一定の事項について利用拡大をすることが認められています（番号

164

6　個人情報の保護はなぜ必要か

法 19 ⑨)。そのときでも、自治体は、当局がもっぱらその便宜のために特定個人情報を利用するというのではなく、個人情報の保護という原則を踏まえた利用を心がける必要があります。

第5章
住民と対話する行政

第5章　住民と対話する行政

1　住民との法的な対話が重要である

（1）「法的な対話」とは

　時代劇や映画では、問答無用の斬り捨て御免の場面や、君主が一方的に命令を出す場面があります。こうした場面にみるように、近代以前の庶民は、身分制度に基づいて一方的に統治される客体でした。

　しかし、国民主権の下では、このようなやり方は、許されません。当局による一方的な政策決定や政策の住民への説明不足は、住民の理解を得られずに、公共事業の中断や、ときにはその廃止を招いています。

　今日、自治体における諸活動は、程度の差はあるかもしれませんが、その最初の段階から「住民との対話」や「住民への説明」が不可欠です。この対話や説明は、すべて法的な意味をもっています。そこで、このテキストでは、**行政活動のすべての場面で必要となる住民との正しい「やりとり」**を、法的な観点からみて「**法的な対話**」と表現しています。

（2）自治体職員の「法的な対話」をする義務

　法律に定めがあるわけではありませんが、自治体職員には、「法的な対話」をする義務があるということができます。

　たとえば、税金の支払が滞っている人から強制的な取立てをしたり、環境を破壊している企業に対して現状を修復するように命令を

1 住民との法的な対話が重要である

出したりする場合があります。そのとき、自治体側が常に正しいことをしているとは限りません。相手方の個人や企業にも何らかの主張や言い分があります。後から命令などを取り消したとしても、住民らに回復できない損害が残るかもしれません。そこで、自治体は、このような行為に出る前に、法令の定めなどに従って、本人の主張や言い分を聞かなければなりません。

また、窓口に来た人に、その人がある書類をそろえれば児童扶養手当をもらえるのに、職員がそのことをいわなかったり、逆に職員がそのことを聞かれても黙っていたりする場合です。これは、「法的な対話」をする義務を果たさないことによる違法な行政活動となることがあります。

（3）住民の「法的な対話」をする義務・責務

自治体と住民の間に法的な対話が成立するためには、住民にも法的な対話が要求されます。公正かつ効率的な行政運営には、住民にも、法的な対話をする義務または責務があるのです。

たとえば、一家の最年長者が死去したあと、家や土地などの財産の相続とその登記の変更を行っていないことがあります。自治体が公共事業のために、100年前に死亡した人が所有していた山林の一部を買収しようとします。ところが、相続登記をしてないばかりに、自治体では、死亡者の子、孫、ひ孫等を調べて、その全員から登記移転の承諾を得なければなりません。数十万円の土地の買収のため、自治体では数年以上の歳月と数千万円の人件費を要することが稀ではないのです。登記は所有者の義務ではありませんが（不動産登記法16Ⅰ）、住民が日本の法制度の下で常識的な法的行動をと

169

らない場合、効率的な行政運営を阻害することがあるのです。

　もちろん、すべての人々が必要な能力を身につけているとはいえないでしょう。そこで、弁護士や隣接法律専門職（司法書士など）の人々が、こうした住民の法的対話をサポートする役割を果たす必要があります。

2　行政手続法の制定と住民参加

（1）行政手続の意義

　【図 5-1】のとおり、自治体がする活動は、大きく、「私人（民間の個人・法人・団体）の活動と同様のもの」と「自治体が住民の信託を受けたためにとくに行うことができるもの」に分けることができます。

　前者の典型は、行政活動のために必要な備品を購入するといった契約です。この活動（私経済的活動）は、民法、商法など、私人の間の法的な関係を規律する法律に基づいて行います（→ 194 頁）。

　後者の活動は、「自治立法を制定する活動」と、「行政機関として

【図 5-1】自治体の活動の分類と行政手続の定義

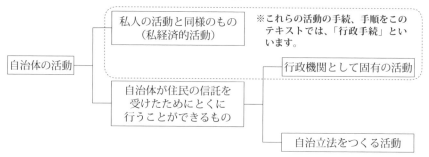

の固有の活動」に大別できます。

このテキストでいう「行政手続」は、「自治立法を制定する活動」以外の自治体が行う活動の手続・手順を意味します。これら手続・手順を定めたものをこのテキストでは広義の「行政手続法」といいます。Plan-Do-See という自治体の活動のしくみ（【図1-6】。→46頁）を念頭においたとき、広義の「行政手続法」は、この Plan-Do-See のマネジメント・サイクルの手順・手続を統制する法と考えることができます。

（2）行政手続法の制定と改正

行政機関と住民が法的に何らかの関係をもつのは、行政機関が違法または不当な行政活動を住民に対して行ったときであると長い間考えられてきました。違法または不当な行政活動に対しては、事後的に行政不服申立て（審査請求）や行政事件訴訟によって是正・救済がはかられればいいというのです。その行政活動の実施を決定するまでの手続（事前手続）は、法律で定める必要はないとされていました。

しかし、1993年に**行政手続法**が一般法として制定されました（1994年10月施行）。この制定当初の行政手続法は、広義の「行政手続法」と紛らわしいのですが、事前手続のうち、行政処分、行政指導および届出の手続について、法律で規定をしたものです。

その後、行政手続法は、2005年に改正され、「命令等を定める場合の意見公募手続」が新たに法制度化されました（2006年4月施行）。なお、命令等の意義については、のちほど説明します（→193頁）。

また、2014年にも行政手続法が改正され、行政指導の中止の求

171

第5章　住民と対話する行政

めと行政処分等の求めにかんする制度が追加されました（2015年4月施行）。同法は、2014年の行政不服審査法の全部改正に伴い、行政処分の聴聞手続にかんする規定の一部についても、改正されました（2016年4月施行）。のちほど、関係ある箇所で言及します。

（3）行政手続は住民参加の最大の接点

広義の行政手続は行政活動を行う際の手続・手順であり、そこでは、行政と住民が法的に対話をすることが予定されます。「**行政運営における公正の確保と透明性の向上**」（行政手続法1Ⅰ）を支えるものが住民との法的対話なのです（〔**コラム19**〕参照）。

自治体の場合、この法的対話は、行政活動への住民参加と、密接に結びついています。

行政手続法は、制定当初に規定していた行政処分などのほか、命令等の制定など、法律で規律する行政活動の種類を拡大してきまし

〔**コラム19**〕**法的対話と行政手続**

現行の法令には、この法的な対話についてきわめて不十分な定めしかないものが多数あります。自治体がこうした法令を機械的に適用すると、結果として不適切な行政運営となるおそれがあります。高層建築物をめぐる住民紛争で建築反対派の住民が「建築確認申請が行政手続に乗ると終わり」というのは、行政手続にかんする現行の法令が定める手続ルールを消極的に評価するものといえます。だからといって法的な手続に乗せずに事案を解決することは、法治主義の後退と、住民の法的対話の義務（責務）の放棄を意味するので、このテキストが認めるやり方ではありません。仮に、現在の法令の定めが住民と行政との法的対話にとって不十分ならば、自治体には、それを補完するような法の運用が必要なのです。

172

た。しかし、たとえば、行政計画の策定手続については、同法にまだ規定がありません。もちろん、都市計画にかんして都市計画法が規定するように、個別の法律で行政計画の手続について規定をする例はあります。すべての行政手続に適用されるような一般法（→ 80頁）が制定されていないということです。

このように、国における行政手続における法的対話手続には、まだ法律で規定する余地が広く残っています。

ところで、行政活動に対する住民参加の手段には、パブリック・コメント（→ 192頁）のほか、住民投票制度、政策提案制度、ワークショップ・フォーラム、審議会への諮問などがあります。

一方、自治基本条例（→ 65頁）や住民参加条例などを制定し、住民参加を積極的に進めている自治体が、相当数あります。これらの条例には各種の住民参加手続の対象・要件や手続などが規定されていたりします。この条例とは別に、住民投票条例などの参加手続を個別に条例で制度化することもあります。

3　計画と評価に基づく行政

（1）行政計画

（ア）行政計画とは何か、どのようなものがあるのか

行政が、限りある資産（→ 19頁）を有効に活用して行政活動の成果を最大のものとするためには、計画的な活動が必要不可欠です。しごとの基本を Plan-Do-See（→ 46頁）とする理由は、ここにもあります。

行政実務で一番身近な計画（Plan）は、1年間の収支計画でもあ

173

第5章　住民と対話する行政

る予算でしょう（地方自治法 210）。もちろん、計画は、これだけではありません。自治体には、実に数多くの「○○計画」と名のつくものがあります。そこで、自治体法務にとっての計画（行政計画）について考えてみます。

まず、行政計画とは何かということです。このテキストでは、行政計画を、「国や自治体が行政（執行機関など）の活動の〔目標〕と〔目標を実現するための方法・手順〕を体系的にまとめたもの」と定義します。現実の行政計画を分類するには、いろいろな基準があります。【図 5-2】は、いくつかの基準に基づく行政計画の分類例です。

行政計画は政策の立案実施評価（Plan-Do-See）のかなめであり、

【図 5-2】行政計画のさまざまな分類

［計画の性格による分類］
・総合計画－自治体の行政分野すべてについての計画（例：基本構想、総合計画）（→ 71 頁）
・個別計画－特定の行政分野にかんする計画（例：老人福祉計画）
・事業計画－個別計画等にある個々の事業施策にかんする計画（例：一般廃棄物処理計画）
・物的施設計画－建物など施設の建設計画（土木建築上の計画）
・地域計画－特定の地域における総合的または個別的計画（例：市町村の区域をさらに区分した地域・地区ごとの計画）

［計画の策定対象による分類］
・空間計画（国土計画）－国土利用計画（国土利用計画法 4）など
・経済（産業・地域振興）計画－沖縄振興計画（沖縄振興特別措置法 4）など
・福祉計画－高齢者の保健福祉計画、障害者基本計画（障害者基本法 11 Ⅰ）など
・財政計画－地方財政計画（地方交付税法 7）、地方債計画
・行政管理計画－定員管理計画

［計画期間や計画内容の程度による分類］
・基本方針
・基本構想
・基本計画・長期計画
・中期計画
・実施計画

（注）例示は、自治体の行政計画に限りません。

174

自治体は、法に基づく行政運営に加えて、計画に基づく行政運営も進めなければなりません。

（イ）行政計画の法的な特色は何か

　行政計画にはいろいろな種類のものがあるため、その法的な性格を一律に述べることはできません。行政処分（→ 180 頁）にあたるものもありますし、自治体の組織内部の訓令（→ 73 頁）的な性格にとどまるものもあります。また、予算を行政計画と考えるならば、予算は、条例の一種または条例に準ずる一種の法と考えることができます。

　そして、自治体の行政計画で最も重要なのが、基本構想・総合計画だと考えられます（→ 71 頁）。法の体系の頂点に憲法があるのと同様に、自治体の行政計画の体系の頂点には、基本構想・長期的総合計画があると考えるのです。

　今日では、行政計画の根拠、基本的な項目、策定手続の大綱、個別の行政施策との関係などを、法律や条例で定めることが増えています。都市計画にかんする基本的な方針（都市計画法 18 の 2）、老人福祉計画（老人福祉法 20 条の 8 など）、介護保険事業計画（介護保険法 117 など）、環境基本計画（環境基本法 15）などです。これらは、「計画に基づく行政」を確実に保障する（行政を拘束する）ために、計画にかんする事項を法律・条例化するものといえます。ただし、法律・条例に根拠をおくからといって直ちにその計画が法として住民を拘束するものにはなりません。

　しごとにかかわる行政計画について、法的な根拠の有無や法的性格、自分の職務のその計画での位置づけ、他の行政計画との関係などを、自分で確認してみましょう。

第5章　住民と対話する行政

（ウ）行政計画を作るときに大切なことは

　それでは、行政計画を作るときには、どのようなことが大切になるでしょうか。ここでは、職員定数削減計画などの行政組織内部の運営にかんする計画ではなく、住民の生活に影響を及ぼす中長期的な事業の計画を念頭において考えます。

　第1に、**行政計画の目標は、行政（執行機関）の独断で決めるべきものではありません**。「住民自治」という地方自治の基本原則に立ち返れば、自治体の将来のあり方を描く行政計画は、最低限その目標は、住民が参画して定めるべきです。住民参画の手法は多々ありますが、各自治体は、いろいろと試行して、計画ごとに適切な手法を取り入れる必要があります。住民と対話する行政は、行政計画で他の行政上の活動と比べても、一層明確に必要となります。

　第2に、**行政計画は、基本構想・総合計画、その自治体の他の行政計画と、体系的な整合性を図らなければなりません**。整合を図るということは、計画間で調整するということです。これは、行政運営の総合性の要請（自治1の2Ⅰ）に由来します。自治体の行政活動には、開発と環境保全など、対立しがちなものがあります。それを、住民の参画による計画で調整することが重要なのです。

　第3に、**行政計画は、将来の一定期間、個々の行政の事業・施策の方向を、一定程度事実上拘束します**。選挙で首長が交替したからといって全く自由に政策を変更するわけにはいきません。計画の変更は、場合によっては、計画を信頼して自治体の政策に協力をした住民等に対し、自治体に損害賠償義務（→228頁）を負わせる可能性があります（沖縄県宜野座村工場誘致事件。最判1981（昭和56）年1月27日判例時報994号26頁）。

176

3　計画と評価に基づく行政

（2）政策評価

（ア）政策評価とは何か、どのようなものがあるのか

政策評価とは、**政策の効果の測定または分析をし、その結果を政策に反映させること**をいいます。行政評価、事務事業評価などの言葉もありますが、ここでは「政策評価」で統一します。国では「行政機関が行う政策の評価に関する法律」に基づき政策評価を実施しており、自治体も政策評価を行うところが増えつつあります。

政策評価には、評価を行う時点ごとに分類すると、①政策の実施前に行う評価、②政策の実施中に行う評価、③政策の実施後に行う評価があります（〔コラム20〕参照）。

（イ）なぜ政策評価を行うのか

従来の行政活動は、予算を獲得して執行することに重点がおかれ

〔コラム20〕アセスメント

行政計画を含め、政策を立案するときには、複数の案を実施した場合の結果や影響を事前に予測・評価して、最善の案を選択する必要があります。こうした**事前の予測・評価**のことを、**アセスメント（assessment）**といいます。アセスメントは、およそあらゆる自治体の活動分野で必要です。とくに土地開発事業や建設事業の公害発生や自然環境への影響を事前に予測評価する**環境影響評価（環境アセスメント）**が重要です。この環境アセスメントは、一部の法律にあったほか、大半の都道府県・指定都市が条例等により制度化していましたが、1997年、国レベルでも**環境影響評価法**を制定しました。自治体・国は、より自然環境に配慮して公共土木建設事業を行わなければなりません。さらにすべての行政活動の社会への影響を評価する社会的アセスメントも必要となります。

第5章　住民と対話する行政

てきました。Plan-Do-See（→46頁）のサイクルのうち前2者が重視されていたのです。実行した政策の結果を評価して見直すことは、軽視されてきました。また、Planの段階でも、政策の費用対効果の観点からの検討は不十分でした。

しかし、社会経済情勢の変化に伴い、自治体には、「最少の経費で最大の効果を挙げる」（自治2 XIV）ための取組が求められています。政策評価の実施が必要不可欠です。

　（ウ）どのような観点から政策評価を行うのか

政策評価の観点については、一例として、「政策評価に関する基本方針」（2001年12月、閣議決定）には、①必要性の観点、②効率性の観点、③有効性の観点、④公平性の観点、⑤優先性の観点の5つが挙がっています。

　（エ）政策評価をするときに大切なことは

自治体は、住民の福祉の増進を図ることを基本としなければなりませんので（自治1の2 I）、政策評価をするときは、住民の立場からのものとする必要があります。行政当局だけで評価するのではなく、住民参加のもとで政策を評価することが、望まれます。

4　行政処分や行政指導は
どのように行わなければならないか

（1）窓口でのやりとり

建築物の建築を目的として宅地開発をしようとすれば、都道府県知事（指定都市、中核市では、その市長）の開発許可を受けなければなりません（都市計画法29）。なお、開発許可は、多くの都道府県で、

条例による事務処理の特例制度（〔**コラム21**〕参照）によって市や町の事務になっています。ところが、開発業者が担当の県庁や市役所に行って、その許可の申請をしようとしても、窓口では、そう簡単に受けつけてもらえません。

　相当数の自治体は開発指導要綱などを定め、開発許可申請の際は、これに基づき、事前協議の手続をとるように求めます。これは、許可の手続を円滑に進めるためだけでなく、自治体にとって良好なまちづくりを進めることや、開発後の周辺住民とのトラブルを回避するなどの目的でなされています。自治体にとっての公益や周辺住民の利益には資するものがあるかもしれませんが、法律の定め以上の制約を開発業者に求めるものがあるかもしれません。

　このように、自治体の窓口におけるやりとりは、法律や条例が本来予定しているのとは異なった相手方の法的な権利や利益に影響を及ぼすことがあります。このため、行政活動は、その内容が法律や条例（以下この4では「法令」といいます。）に基づかなければなりませんが、それに加え、その手続も法令に従って行わなければなりません。その手続を規律するために、行政手続法や行政手続条例が制定されています。

〔**コラム21**〕**都道府県条例による事務処理の特例制度**
　都道府県は、知事の権限に属する事務を、条例を定めることによって、市町村（具体的には市町村長）が処理することとすることができます（自治252の17の2Ⅰ）。なお、都道府県の教育委員会の事務についても、同様に、都道府県条例に定めることで、市町村（市町村教育委員会）が処理することとすることができます（地方教育行政の組織及び運営に関する法律55）。

第5章　住民と対話する行政

（2）行政処分や行政指導とはどういうものか

（ア）「行政処分」とは何か

このテキストでいう行政処分は、行政手続法や行政事件訴訟法の「行政庁の処分」をいいます（〔コラム22参照〕→181頁）。そしてこれは、行政庁が行う行為のうち、その行為によって、直接国民の権利義務を形成しまたはその範囲を確定することが法律上認められているものをいいます（東京都清掃工場事件。最判1964（昭和39）年10月29日判例時報395号20頁）。また、「行政庁」とは、行政処分などの対外的な行為を行い、その旨を表示する権限をもつ行政機関のことをいいます。知事や市長といった執行機関がその典型です。

法令の条文に「許可」、「認可」、「免許」、「命令」、「処分」と書いてあれば、それは、このテキストの行政処分と考えてよいでしょう。また、これらの「取消し」、「停止」、「免除」等も、行政処分にあたります。

（イ）「行政指導」とは何か

つぎに、行政手続法は、行政指導を、「行政機関がその任務又は所掌事務の範囲内において一定の行政目的を実現するため特定の者に一定の作為又は不作為を求める指導、勧告、助言その他の行為であって処分に該当しないもの」と定義しています（行手2⑥）。ここでいう処分とは、行政処分のことです。

（ウ）行政処分と行政指導とはどこが違うのか

行政指導は、相手方の任意の協力を期待して行政機関（の職員）がする行為であり、住民の法的な権利義務に直接の影響を及ぼさないという点で行政処分と異なります。

4 行政処分や行政指導はどのように行わなければならないか

　以上の説明からすると、行政処分と行政指導の区分は簡単なようにみえますが、実際は、かなり難しいものです。法令で「指導」や「勧告」という文言を用いていても、その効果から、行政処分に該当することがあります（医療法に基づく勧告事件。最判 2005（平成 17）年 7 月 15 日判例時報 1905 号 49 頁）。

　また、行政指導と行政処分は密接に関連させて行われがちです。開発許可の際に、相手方に法的な遵守義務のない開発指導要綱で定める事項を満たすよう求めるのがその例です。その結果、行政指導

〔コラム 22〕行政処分と似た言葉

　行政処分に関連して、いくつか似た言葉がありますので、それらとの関係を整理します。

　まず、**日常用語の「処分」**との違いです。日常、「処分」という語を使うとき、その多くは、**物を始末すること**（例、ゴミの処分）や、相手に対して一方的に何らかの不利益な制裁を加えることを意味します。このテキストの行政処分は、前者の意味をもちません。また、後者の意味のもので事実上の不利益を与えるにすぎないものは、このテキストの行政処分にはなりません。たとえば、公務員に対する訓告や厳重注意は、日常用語としては「処分」ですが、行政処分（懲戒処分）ではありません。

　つぎに、**民事上の法的な意味における「処分」**との違いです。「財産の処分」というときの意味です。この場合の「処分」とは、民法等の法の規定上、**財産権の移転、消滅等の変動をすること**を意味します。早い話が、物を売ったり、贈与したりすることです。自治体の私経済的活動の事務では、この意味での「処分」を実務で頻繁に使用するので、注意してください（自治 96 Ⅰ⑧）。

　なお、民法 723 条は、名誉き損の際に（裁判所は）損害賠償に代え（または損害賠償とともに）名誉を回復するのに「**適当な処分**」を命ずることができると規定しています。この「処分」は、**名誉回復のための裁判所が命ずる措置**（例、謝罪広告）を意味します。

181

第5章　住民と対話する行政

の相手方には、行政指導に従う義務があるかのような思いを抱かせ
がちです。そこで、行政指導をどのような手続で行うかが重要な問
題になります。

（3）行政手続法や行政手続条例は何を定めているか

　行政手続法は、行政処分、行政指導および届出にかんする手続な
らびに命令等を定める手続にかんし、共通する事項を定めることに
よって、**行政運営における公正の確保と透明性の向上を図り、国民
（住民）の権利利益の保護に資すること**を目的としています（行手1
Ⅰ）。
　自治体（の機関）が行う行政処分、行政指導、届出や命令等の策
定のすべてが行政手続法の直接的な適用を受けるわけではありませ
ん。簡単にいうと、行政手続法の適用があるのは、国の法律と命令（政
省令等）に根拠がある行政処分と届出だけです。自治体の条例・規
則に根拠がある行政処分と届出、それと自治体（の職員）が行うす
べての行政指導、命令等の制定手続について、行政手続法の趣旨に
のっとった措置を講じる努力義務が自治体に課せられています（行
手46）。このことを受け、行政処分、行政指導、届出については、
法律と同様の内容の行政手続条例が制定されています。以下この4
では、行政手続法の規定によって説明をしますが、行政手続条例に
ついても同じと考えて、読み進めてください。
　命令等の制定手続は、別に説明します。なお、自治体の事務区分
（自治事務、法定受託事務。→42頁）は、行政手続法の適用には、関
係ありません。

182

4 行政処分や行政指導はどのように行わなければならないか

（4）自治体の機関が行政処分をするときの手続上の義務は

（ア）「申請に対する処分」と「不利益処分」

　行政手続法は、「申請に対する処分」と「不利益処分」という分類を設けて、各手続について定めています。この「**申請に対する処分**」とは、許可、認可、免許など、**国民・住民に利益をもたらす行政処分で、申請に対して行政庁に諾否の応答義務のあるもの**をいいます（行手2③）。許可や認可などのことを、このテキストでは、「許認可等」ということがあります。また、「**不利益処分**」とは、**国民・住民に対して不利益を及ぼす行政処分のことをいいます**（行手2④）。許認可等の取消し、資格の剥奪、監督処分などです。

　先の事例でいえば、開発許可は申請に対する処分（利益をもたらす行政処分）に、その取消しは不利益処分にあたります。また、違法建築物の除却命令（建基9Ⅰ）は、不利益処分にあたります。

　これらに該当しない行政処分もあります。相手方の申請を前提とせず行政庁の側から職権で相手に利益を与える行政処分がその例です。たとえば、生活保護の実施機関（行政庁）が、要保護者（→ 198 頁）の申請によらず、職権で行った生活保護の開始の決定がこれにあたります（生活保護25Ⅰ）。このような行政処分について、行政手続法は、適用されません。しかし、行政手続法が適用されない行政処分であっても、この法律の考え方（趣旨）にそった、適正な手続で行政処分をしなければなりません。

（イ）申請に対する（行政）処分の手続

a　審査基準等の設定・公表

　許認可等をするかどうかの要件は、その根拠となる法令が定めな

183

第5章　住民と対話する行政

ければなりません。しかし、複雑な事情に対して行政庁（行政機関）が最適な判断をするために、法令の基準を抽象的・概括的なものとしていることがあります。その場合には、具体的な事案に法令を公平に適用するため、行政庁は、法令上の要件を具体化した基準をもつ必要があります。行政手続法はこの基準を「**審査基準**」と称し、これを事前に設定して、かつ、おおやけにすることを、行政庁に義務づけています（行手5）。「おおやけにする」というのは、「公表する」と同じことと考えても、このテキストでは差しつかえありません。

　さらに、行政庁は、申請から許認可等をするまで通常どのくらいの期間を要するかを、「**標準処理期間**」として定めるよう努め、これ定めたときはおおやけにしなければなりません（行手6）。また、行政庁は、申請に必要な情報（例、申請書の記載方法、必要な添付書類）を、適時適切に、住民に提供しなければなりません（行手9Ⅱ）。

　b　申請の審査

　許認可等の申請の意思表示は、申請書が行政庁の事務所のどこかに到達した時点で効力を生じます（→141頁）。したがって、その時点で行政庁には、申請に対する諾否の決定をする義務が生じます。行政手続法は、行政庁に、申請がその事務所に到達したときから審

　〔**コラム 23**〕**申請と「受理」**

　この行政手続法7条の規定について「**受理**」の観念を排除したものと説明する文献があります。ただ、行政手続法上はそうであっても、行政処分の根拠となっている法令では、「受理」という用語は、数多く残っています。建築確認申請の受理（建築基準法6Ⅲ・Ⅳ）、道路の占用許可申請の受理（道路法96Ⅴ）などです。したがって、各法令の「受理」の意味と行政手続法7条の規定との関係は、それぞれ個別に解釈していく必要があります。

184

査を開始することを義務づけています（行手7）。

　なお、申請の際に、各種要綱の遵守を求め、それが実行されない間は、許認可等の申請を受理しないといった取扱いをすることがあります。しかし、この取扱いにより、行政手続法上の審査開始義務を免れることはありません（〔**コラム23**〕→184頁）。

　また、行政庁は、申請者の求めに応じて、審査の進行状況や、許可・不許可の行政処分をする時期の見通しを示すようにしなければなりません（行手9Ⅰ）。

c　送達と理由の提示・教示

　行政庁は、その組織の内部で、申請に対しどのような決定をするかを、決裁権者（→142頁）の決裁を経て確定します。そして、多くの場合文書でその旨を申請者に送達し、相手に到達した時点で、行政処分は効力を発します（→141頁）。

　この決定が申請を拒否する行政処分（不許可処分、申請却下処分）であるときは、行政庁は、同時にその理由を提示しなければなりません（行手8）。申請内容とは一部異なった許認可等や、申請にはない条件をつけた許認可等をするときも、理由の提示が必要です。また、ここでの理由の提示は、単に拒否の事由を示す法令の根拠規定を示すだけでは不十分です。行政庁は、少なくとも、**いかなる事実関係に基づき法令のいかなる条項をどのように適用して拒否したかがわかるように、その理由を示さなければなりません**。

　また、行政庁は、あわせて、①審査請求（→219頁）ができること、その審査請求先、いつまでにできるかの期間（審査請求期間）、②その行政処分の取消しを求める訴え（→226頁）を裁判所に提起できること、その被告となる者、訴えの提起できる期間などを、相手方に知らせなければなりません。これらを**教示**といいます（行政不服

第5章　住民と対話する行政

審査法 82 Ⅰ、行政事件訴訟法 46)。

（ウ）　不利益処分の手続

a　処分基準の設定・公表

行政庁には、審査基準と同様に、不利益処分をするために、法令の定めを具体化した基準（これを「**処分基準**」といいます。）を定め、これをおおやけにするように努める義務があります（行手 12）。処分基準の設定・公表は、努力義務です。

b　事前に相手の意見を聴く手続

行政庁は、不利益処分をしようとする場合、原則として、その相手方が意見を述べる手続を経なければなりません。この手続について、行政手続法は、「**聴聞**」と、「**弁明の機会の付与**」という2種類を用意しています（行手 13 Ⅰ）（〔**コラム 24**〕参照）。聴聞は、許認可等の取消しや資格の剥奪などこれにより相手方に及ぼすことになる不利益の内容が重大なときには、必ず行わなければなりませ

〔**コラム 24**〕**福祉サービスをやめる場合の説明**

不利益処分に際し、行政手続法以外の適用除外を定めたいくつかの法律が、相手が意見を述べる機会を設けることを特別に義務づけています。たとえば、市町村が福祉サービス（福祉の措置）をやめる場合には、法令の定める手続により、本人にその理由を説明し、意見を聴かなければなりません（例、老福 12）。

「**福祉の措置及び助産の実施等の解除に係る説明等に関する省令**」（厚生労働省令）によれば、この手続においても、まずは、告知をします。そして、説明等の期日においては、行政庁の担当職員からの理由の説明後、本人はこれについて意見を述べます。調書の作成や調書の閲覧は、聴聞に類似の制度となっています。説明手続の公開や担当職員との法的対話（意見の交換）手続は、この省令レベルでは保障されていませんが、運用レベルではできる限り取り入れるべきです。

ん。そうでないときでも、聴聞をすることはできます。また、弁明の機会の付与は、聴聞をしないとき（例、処分の効力の停止、是正命令）に行わなければなりません。

（ⅰ）聴聞

聴聞は、不利益処分を行う前に、相手方が口頭で意見を述べたり、行政庁の職員に対して質問を発する機会を設けたりするものです。

聴聞の手続では、行政庁は、まず相手方に文書で、予定する不利益処分の内容・根拠法令、その原因となる事実、聴聞の期日（聴聞をする日）・場所等を通知します（行手15）。

聴聞の審理は、**主宰者**が進めます。主宰者は、行政庁が所属する職員などのなかから指名しますが、行政庁とは相対的に独立して職務を行います（行手19）。聴聞の相手方は、その場で、意見を述べたり、証拠書類を提出したり、職員に対して質問したりします（行手20Ⅱ）。相手方は、行政庁側の不利益処分の原因を証明する書類等を閲覧することもできます（行手18）。

主宰者は、聴聞の経過を調書に記録し、聴聞が終わったら報告書を作成して行政庁に提出します（行手24）。そして、行政庁は、この調書の内容と報告書に示す主宰者の意見を、十分に考慮して、不利益処分について決定します（行手26）。

（ⅱ）弁明の機会の付与

弁明の機会の付与は、不利益処分を行う前に、相手方が弁明書を提出する機会を設ける手続です。弁明の機会付与の手続でも、行政庁は、まず、相手方に告知をします（行手30）。相手方は、その告知の文書において指定を受けた期限までに、弁明書や証拠書類を行政庁に提出します（行手29）。行政庁は、弁明書ではなく口頭による弁明手続をとることもできます。

187

第 5 章　住民と対話する行政

　行政庁は、相手方の弁明内容も踏まえながら、適切な事実認定を
し、不利益処分の決定をします。

c　送達と理由等の提示

　不利益処分についても、行政庁は、その組織の内部で、どのよう
な内容の決定をするかを、決裁権者（→ 142 頁）の決裁を経て確定
します。そして、その内容が相手方に到達した時点で、不利益処分
は効力を発します（→ 141 頁）。

　行政庁は、不利益処分をするときにも、申請を拒否する行政処分
と同様に、その理由を、同時にきちんと提示しなければなりません
（行手 14）。また、教示もしなければなりません（行審 82 Ⅰ、行訴
46）。

（エ）行政処分の求め

　**何人も、法令に違反する事実がある場合において、その是正のた
めにされるべき行政処分がされていないと考えるときは、その行政
処分をする権限を有する行政庁に、その旨を申し出て、その行政処
分をすることを求めることができます**（行手 36 の 3 Ⅰ）。この申出は、
文書（申出書）によって行われます（同Ⅱ）。申出があったとき、行
政庁は、必要な調査を行い、その結果に基づき必要があればしかる
べき行政処分を行わなければなりません（同Ⅲ）。

　なお、自治体当局には、この行政処分の求めに対して検討結果や
措置などの結果を通知する義務は課せられていませんが、自治体に
説明責任（→ 18 頁）があることを考えれば、申出をした人に可能
な範囲で状況について通知することが望まれます。

188

4　行政処分や行政指導はどのように行わなければならないか

（5）自治体の機関・職員が
行政指導を行うときの手続上の義務は

（ア）行政指導の基本原則

行政指導の内容は、相手方の任意の協力によってのみ実現するものです（行手32Ⅰ）。行政機関は、行政指導に従わなかったことを理由として、不利益な取扱いをしてはいけません（行手32Ⅱ）。また、行政機関は、相手方が行政指導に従う意思がない旨を表明しているのにかかわらず、行政指導を継続して、許認可等の申請者の権利の行使を妨げるようなこともできません（行手33）。

周辺住民との話し合いを続けるよう行政指導をしていても、相手方がもはやこれに従わないことを表明しているときは、事業者から開発許可の申請書を受け付けないといったことは、許されません。

（イ）行政指導の手続

行政指導を行う職員は、その趣旨や内容、指導の責任者などを明確にしなければなりません（行手35Ⅰ・Ⅱ）。また、行政機関は、求めに応じて行政指導の内容を書面にして相手に渡さなければなりません（行手35Ⅲ）。この場合の行政指導の責任者は、その個別的な行政指導を行うかを実質的に決定した職員です。そうした文書を出すときの起案文書の決裁権者（専決権者）が、その責任者になることがふさわしい場合が多いでしょう。

また、行政機関は、同一の事項について複数の人に同一内容の行政指導を行う場合には、事前に指導の指針（行政指導指針）を定めて公表しなければなりません（行手36）。要綱行政（→74頁）の要綱は、この行政指導指針にあたると考えられます。

189

第5章　住民と対話する行政

（ウ）行政指導の中止などの求め

法令に違反する行為の是正を求める行政指導（指導の根拠が法律や条例に個別におかれているもの）を受けた人は、その行政指導が法令に規定する要件に適合しないと考えるときは、その指導をする行政機関に対して、中止などの措置を申し出ることができます（行手36の2Ⅰ参照）。この申出は、文書（申出書）によって行われます（同Ⅱ参照）。申出があったとき、行政機関側は、必要な調査を行い、その結果に基づき、行政指導が法令の要件に適合しないときは、中止をするなどしなければなりません（同Ⅲ参照）。

（エ）行政指導の実施の求め

何人も、法令に違反する事実がある場合において、その是正のためにされるべき行政指導（指導の根拠が法律や条例に個別におかれているもの）がされていないと考えるときは、その行政指導を行う権限を有する行政機関に、その旨を申し出て、その行政指導をすることを求めることができます（行手36の3Ⅰ）。この申出は、文書（申出書）によって行われます（同Ⅱ）。申出があったとき、行政機関は、必要な調査を行い、その結果に基づき必要があればしかるべき行政指導を行わなければなりません（同Ⅲ）。

（オ）申出に対する応答

自治体当局には、行政指導の中止やその実施の求めに対して、考え方や措置内容などの結果について、申出をした人に通知するに義務は課せられていません。しかし、自治体に説明責任（→18頁）があることを考えれば、申出をした人に可能な範囲で状況について通知することが望まれます。

4　行政処分や行政指導はどのように行わなければならないか

（6）行政手続法の適用関係を考える

（ア）行政手続法は適用除外が多い

　行政手続法は、行政手続の一般法であり、他の法律に特別な定めがある場合には、そちらが優先します（行手1Ⅱ）。他の法律で行政手続法の規定の全部または一部の適用を除外したり、その特則を設けていることが多くあります。そのうえ、行政手続法自体にも同法の適用除外を定めるものがあります（行手3、13Ⅱ等）。

　この結果、戸籍、住民基本台帳、地方税、福祉サービス、生活保護（保護の停止、廃止など）といった自治体の機関が行う活動には、行政手続法の多くが適用されません。職員は、担当する事務の法令の規定のなかに、行政手続法や行政手続条例の特則や適用除外が含まれていないかどうかを確認する必要があります。

（イ）行政手続法は手続の一部を定めた法である

　開発許可をしてよいかどうかといった実体的な判断は、行政手続法を読んでも判断できません。都市計画法とこれに関連する法令や審査基準などをみなければなりません。つまり、行政実務では、行政手続法だけではなく、行政処分や行政指導の根拠となっている個別の法令をみなければなりません。

　行政処分をするまでの手続がすべて行政手続法に定めてあるわけでもありません。行政処分の内容を決める機関内部の意思決定手続は、決裁規程などによって定めていますし、送達は、個別法や民法に定めがあります。また、行政不服審査法や行政事件訴訟法には、教示（→185頁）の手続が定めてあります（行審82Ⅰ、行訴46）。

　このように、行政処分をするときには、処分の根拠法令と行政手

191

第5章　住民と対話する行政

続法（行政手続条例）の両方をみなければなりません。

（7）届出の手続

　届出についても、ここで簡単に説明します。行政手続法の定義によると、届出は、「**行政庁に対し一定の事項の通知をする行為（申請に該当するものを除く。）であって、法令により直接に当該通知が義務づけられているもの（自己の期待する一定の法律上の効果を発生させるためには当該通知をすべきこととされているものを含む。）**」をいいます（行手2Ⅶ）。届出は、許認可等の申請のように、意思表示の内容どおりの権利義務の発生や変更を意図してなされるものではありません。

　そして、行政手続法は、法令により届出が義務づけられている場合、**届出書に形式的な不備がない限り、行政機関の事務所に到達したときに、その義務は履行されたものとする**と定めています（行手37）。行政手続条例においても同様になります。

5　命令等の制定手続（パブリック・コメント）

（1）行政手続法における意見公募手続

　行政手続法は、行政機関が命令等を制定するときには、事前にその案や関係資料を公示し、広く一般の人々から意見を求めなければならないとしています（行手39Ⅰ）。また、この手続をした行政機関は、提出された意見を十分に考慮して、その命令等を制定しなければなりません（行手42）。そして、この手続を経て命令等を制定

したときには、その命令等の公布と同時期に、提出された意見の内容や、意見の考慮結果とその理由などを公示しなければなりません（行手43）。これらをまとめて、このテキストでは「**意見公募手続**」と表記します。

行政手続法上、意見公募手続が必要となる**命令等**というのは、**国の行政立法**（政省令など→70頁）、**審査基準**（→184頁）、**処分基準**（→186頁）と**行政指導指針**（→189頁）です。

ただし、同法による意見公募手続が義務づけられているのは国の行政機関です。自治体の場合は、国と同じ措置をとる努力義務にとどまっています（行手46）。だからといって、自治体当局が意見公募手続をとらないこととしても、住民に対して説得的な理由を示すことはできないでしょう。条例などに根拠規定がなくても、自治体は、審査基準、処分基準、行政指導指針の制定には、法律並みの意見公募手続をとらなければなりません。

（2）自治体におけるパブリック・コメント制度

行政手続法の意見公募手続と同様の手続は、制度の母国（アメリカ）の用例にならって、**パブリック・コメント**と呼ばれることが、よくあります。

自治体では、パブリック・コメントの対象を、命令等の制定に限らず、重要な条例や行政計画などに拡大する例が、よくみられます。行政手続法以上に、行政への住民参加手段として、パブリック・コメントが用いられているといえます。

なお、行政手続法の意見公募手続でも、その他の自治体におけるパブリック・コメントでも、意見を提出した人に対して、意見に対

第5章　住民と対話する行政

する考慮結果と理由を個別に通知することは、予定していません。意見が採用されないことについて意見提出者に不服があっても、これを訴訟で行政に義務づけることはできません。ですが、だからといって、自治体が、パブリック・コメントについて、おざなりな対応をすることは、許されません。

6　「契約」手法も行政活動に拡がっている

（1）民法（契約）法と自治体

　自治体も、取引社会の一員として物品を購入したり、工事の発注をしたりする場合には、私人と同様の立場で、契約の当事者となります。そして、この契約関係を規律する法が、民間におけるそれと同様に民法となります。

　契約については、民法典に規定がありますが（第3編第2章）、個人の意思が最大限に尊重される民間社会のルールである民法典の規定は、基本的に「公の秩序にかんしない規定」（「任意規定」といいます。）であり、契約内容がこの規定と異なっても契約の方が優先します（民法91）。民法典の規定は、当事者の意思である契約内容が不明確なときにこれを補充するためのものです。

　また、契約は、当事者の間で権利義務（債権債務）の関係をつくり出し、終局的には裁判所による強制履行（民法414）に至るものです。契約書は、その内容をあいまいにせず、実現可能で、確定できるものになっているかといった点に留意しなければなりません。

　ただし、自治体が取引社会の一員として締結する契約については、地方自治法その他法律や条例・規則が、特別の定めをおきます。た

194

とえば、契約は、自治体の支出の原因となるべき支出負担行為として、法令や予算の定めるところに従って行わなければなりません（自治232の3）。その締結は、原則として一般競争入札の方法によらなければならず、特定の相手方を随意に選ぶことは、例外的にしか認められません（自治234Ⅰ、Ⅱ）。こうした規定は主に自治体側の契約事務などについて規制をするものですが、民法の契約自由の原則を修正する内容となっています。これら地方自治法などに規定する契約にかんする特別の規定は、任意規定ではなく、自治体によるその違反は、違法な事務処理となります。

（2）契約による行政サービスもある

　公の施設（→34頁）の利用ができるかどうかの法律関係の発生については、許可などの行政処分によっている例があります（例、会館やホールなどの利用許可）。しかし、契約によるほうが望ましいものも多く、現に、多くのサービスが契約によっています。たとえば、水道の供給についても水道法に「契約」の文字がありますし（水道15Ⅰ）、公営住宅の利用も契約が基盤になっていて民法やその特別法（借地借家法）が適用されます（都営住宅事件。最判1984（昭和59）年12月13日判例時報1141号58頁）。このような契約による行政サービスは、契約手法によりながら、一方で、行政目的を達成し、かつ、住民のサービス利用権を保障するために、供給条件を法律や条例で定めています。

　契約によるサービスの場合には、トラブル解決は、民事訴訟など民事の手続に乗ることになります。契約関係を強調すると、利用者から申込みがあっても行政側には承諾をするかしないかの自由があ

195

第 5 章　住民と対話する行政

るということになってしまいます。しかし、それでは、利用者の立
場が弱くなり、契約手法を用いることの意義が乏しくなります。そ
のため、法律には、正当な理由がなければ供給を拒否できないと定
めている場合があります（水道 15 Ⅰ など）。

（3）規制行政に契約手法を活用する

　公害防止や環境保全などの目的で事業者を規制するのは、法律や
条例(そして、これらに基づく行政処分)によることが本筋です。しかし、
法律の規制内容が不十分であったり、一律的な規制が不合理になっ
たりする場合などに、自治体は、目的達成のため、契約手法を活用
することがあります。事業者と協定を結ぶ「行政協定」がその例で
す。この手法は、**公害防止協定**から始まりましたが、開発業者や産
業廃棄物処理業者との協定など、さまざまな行政分野で活用されて
います。行政指導の場合は、行政協定と同様に事業者の個別の応諾
を要しますが、その場限りの一回きりのものとなるのに対し、行政
協定の場合は、個別的な交渉を重ねたうえで協定書を作成すること
から事業者側の遵守がより期待でき、また継続して遵守義務を課す
ことができるという利点があります。行政協定は、住民と事業者と
の間の紛争を調整・解決する機能もあります。
　行政協定の効力については、条文ごとにその法的性質を判断す
ることになります。場合によっては、協定を守らない相手に対し
て、その内容を民事訴訟により訴えて、強制させることができます
（福岡県福津市産業廃棄物最終処分場使用差止請求事件。最判 2009（平成
21）年 7 月 10 日判例時報 2058 号 53 頁）。

196

7　行政機関の行う調査や監視活動も重要である

（1）行政が行う調査では何が重要か

（ア）行政調査にはいろいろなものがある

　行政（自治体）は、科学的な裏づけに基づいて政策を立案し、正確な事実に基づいて活動することが必要です。それには、必要な情報の収集とこれに基づく正確な事実認定（→ 86 頁）が不可欠です。そこで、行政は、政策の立案や施策の実施に際してさまざまな調査活動を行っています。このテキストでは、これを**行政調査**と呼びます。

　行政調査には、国勢調査のような全般的な調査と、生活保護や固定資産評価などの個々の事務で行う個別的な調査があります。また、行政調査は、相手（国民・住民）が調査に応ずる義務のあるものと、義務のないもの（回答が相手の任意によるもの）に分けることができます。この場合において、前者は、法律・条例または契約に、その根拠がなければなりません。また、後者による情報の収集は、行政指導（→ 180 頁）の一態様といえます。法的な根拠のある行政調査のしくみについて、国勢調査と生活保護事務での調査を例に、考えてみましょう。

　まず、国勢調査の場合です。国勢調査は、外国人を含む日本に住む人全員を対象にした人口にかんする調査で、10 年ごとに行うものと、その中間の 5 年目にする簡易な調査のことです（統計法 5 Ⅱ）。政府は、調査の対象になる人（調査対象者）に対して報告を求めることができ、調査対象者やその法定代理人には報告義務が生じます

第5章　住民と対話する行政

（統計13）。この義務に違反した調査対象者は、刑事罰を受けること
もあります（統計61）。一方、調査をした職員（以下「調査員」とい
います）や機関は、調査で得た情報を適正に管理し（統計39・40）、
調査の結果得た秘密を守らなければなりません（統計41）。調査員
などがこの義務に違反したときは、刑事罰を受けます（統計57以下）。

　つぎに、生活保護の場合です。生活保護の実施機関（→86頁）は、
所属の職員に、要保護者（生活保護を必要とする人）の居住の場所に
立ち入らせ、資産状況などを調査させることができます（生活保護
法28Ⅰ）。調査対象者である要保護者は、この調査に応じなければ
なりません。もし、その人がこの調査を拒んだり、妨害したりなど
すると、生活保護の実施機関は、保護を停止・廃止したり、保護の
申請を拒むことができます（生活保護28Ⅴ）。調査を行う職員には、
地方公務員法上の秘密を守る義務があり、その義務に違反すれば刑
事罰（地方公務員法34Ⅰ、60②）が科されます。

　なお、調査事項が個人情報にかかわるものであれば、その個人情
報を第三者に提供するなどすると、各自治体の個人情報保護条例に
よって刑事罰が科される可能性があります（行政機関の保有する個人
情報の保護に関する法律53〜56参照）。

　（イ）行政調査をするときの心構え

　職員が行政調査で心がけるべきことは、つぎの点です。

　第1に、調査員は、相手に対して、調査の意義（趣旨）・目的や
その内容、法的な根拠の有無等を説明し、相手の理解・納得を得る
必要があります。とくに、相手に調査に応じる義務がない場合、職
員は、相手の理解を得ることなくして十分な調査を行うことができ
ません。相手に調査に応じる義務がある場合も、同様です。相手は
秘密にしたいことでも調査員に告げなければならないので、そのこ

198

とだけで、調査に対して心理的な反発感情を抱きがちだからです。この感情を解くことなくしごとを進めると、仮に調査ができたとしても時間や費用がかかったり、あとで法的なトラブルが発生したりします。相手に強制する行政調査でも、法的対話が重要だということです。

　第2に、**調査員は、相手のプライバシーや事業活動の死命を制する営業秘密などの保護に、十分注意しなければなりません**。相手に調査に応じる義務を課す場合は、相手がプライバシー等を自分自身でコントロールできなくなるので、このことがとくに大切です。

　また、生活保護での立入調査のようないわゆる社会的弱者を対象にした行政調査では、職員は、自分がきわめて強い立場にいることを自覚しなければなりません。さらに、職員は、行政調査が正しい行政の決定を行うための事実認定を目的としていることを忘れてはいけません。事実認定に不必要なプライバシーまで入手することのないよう調査内容の適正を図らなければならないのです。それに加え、行政調査の手続も適正でなければなりません。

（2）行政には監視や告発というしごともある

（ア）法的な対話ができなくなったら

　行政（自治体）の活動は、住民との対話の上に成り立つものです。しかし、さまざまな利害の対立や法の解釈の違いから、行政と住民の間の対話が進まなくなることも、珍しくありません。この場合の対応には、行政指導（→ 180 頁）や不利益処分（→ 183 頁）、さらには行政代執行（→ 245 頁）などによる是正措置があります。ここでは、そのほかの対応として、「監視」と「告発」についてみていきます。

第5章　住民と対話する行政

（イ）監視

　行政（自治体）は、住民が法や契約に基づく義務を遵守しているかどうか、その状態に常時注目します。このテキストではこれを**監視**と呼びます。監視の方法には、行政調査や、相手から報告させること（**報告徴収**）、相手に質問をしたり検査をしたりすること（**質問検査**）などがあります。

　建築基準法やその関連法令に違反した建築物を例に考えましょう。都道府県知事などの特定行政庁（建築基準法2㉟）は、違反建築物の建築主などに対して工事の施工の停止を命ずるなどして、違反建築物の建築防止を図ります（建基9Ⅰ等）。特定行政庁は、その前に、違反事実の有無やその内容を認定しなければなりません。この事実認定の手段として、建物所有者による調査・報告制度や、建築物の所有者等に対する特定行政庁の報告徴収権、検査権があります（建基12）。これが、行政による監視の具体的な手段です。

　多くの場合、監視には行政の裁量があります。ただし裁量のある活動であっても、それには、法の一般原則が及びます（→75頁）。したがって、行政は、住民の義務違反状態に応じ、適切な手段で、監視をしなければなりません。

　また、その義務違反の状態が、広く第三者の生活に法的な影響を及ぼすこともあります。このような場合には、行政と義務違反の当事者のみならず、その第三者と自治体との法的対話も必要になります。この第三者との法的対話を通じて、行政は、裁量のある活動を適切に行えるようになる面もあるのです。そこで、**第三者による監視請求権**という概念を立て、監視は行政の権限であるとともに義務であるという考え方に立つべき場合も出てきています。

200

（ウ）告発

　行政は、自ら法の執行を監視し、その是正を命じる以外に、違反事実を犯罪の捜査機関に申告して犯人の処罰を求めることができます。これを**告発**といいます。

　職員は、職務をしていて犯罪があると考えたときは、告発をしなければなりません（公務員の告発義務。刑事訴訟法239Ⅱ）。告発は、職員の個人的な見解ではなく、それが行政としても犯罪であると認識したということを前提とします。もっとも、ヤミ手当などを自治体組織当局や関係者が隠ぺいすることがあります。こうした不正が発覚した場合に、仮に自治体組織当局がこれについて不告発の決定をしても、職員は、積極的に告発義務を履行しなければなりません。

第6章
トラブルの解決も法に基づいて行う

第6章　トラブルの解決も法に基づいて行う

1　トラブルを防ぐための心がけ

（1）いろいろな住民の声がいろいろなところに届く

　住民が自治体に寄せる声には、実にさまざまなものがあります。生活保護の申請の窓口はどこかといった情報の提供を求めるもの、飛行場の航空機騒音がうるさいと苦情をいうもの、課税に不服のあるもの、自分の土地を市街化区域に編入してほしいと特定の施策を要望するもの、まちづくりについて政策提言を行うものなど、いろいろです。

　こうした住民の声が届く自治体の組織や、声の届き方もさまざまです。自治体では、「広報広聴課」などのような住民の声を専門的に収集する組織を作って、これに対応するところがあります。しかし、住民の声は、このような専門組織ばかりではなく、その事務を所管する組織（事務所管組織）や、議員を通じて直接市長になど、さまざまなところに届きます。住民の声が届くチャンネルはたくさんあるのです。問題は、住民の声を組織が生かしているかどうかです。裁判になる案件は、最初の段階に事務の所管組織で発生していることが圧倒的に多いのです。

（2）窓口で応対するときに基本的なことは何か

　住民が自治体に相談ごとを持ち込んだり、職員と意見を交換したりするなど住民と自治体が対話を開始する最初の場所が「窓口」です。窓口は、自治体が住民と直接接触する場所であるために、トラ

ブルが起こる可能性が高いのです。そのトラブルは、何らかの意味
で、すべて法的なトラブルであるといっても過言ではありません。
したがって、窓口において自治体職員はどのように住民に応対すべ
きかが法的に重要になります。ここでは、一般的な窓口での応対で
重要なことを説明します。

（ア）相手（住民）の自尊心を大切にすること

対話は、相互に理解しあうことと、相互に信頼しあうことによっ
て、はじめて成立するものです。まずは、自治体職員の方が、相手
の自尊心を大切にしてください。「何か事情があるのかもしれない」
ことを前提に、「すべて国民は、個人として尊重される」（憲法 13）
ことを忘れないことです。

（イ）応対の仕方を日頃から身につけておくこと

住民の声には、職員の応対の仕方自体についての苦情が非常に多
くあります。たとえ自治体の側の主張が正しいものであって、相手
の住民もそれが正しいと理解していたとしても、そこに至る職員の
話し方や態度がトラブルの原因になるのです。一見、法務とはかか
わりのないようにみえる事柄が、実は、窓口での法的な応対を支え
る基礎的な技術になっているということを忘れてはいけません。

（ウ）窓口でのしごとに良質の法務を盛り込むこと

窓口での対話はそれ自体が法的意味をもちます（→ 50 頁）。住民
は、自治体職員が法務の専門家であることを前提に、さまざまな質
問や相談をします。もし、窓口で、税条例の解釈を誤り、本来はい
まの法人組織のままでは固定資産税が課税されるのに、非課税だと
答えたとします。その後、税条例の正しい解釈に従って固定資産税
を課税したとすると、その法人に金銭的な不利益をもたらし、相手
の信頼を一瞬にして失います。また、住民に「法律で決まっている

第6章　トラブルの解決も法に基づいて行う

から」といった一方的な法解釈を押しつける言い方も反感を買います。応対という形だけなく、肝心の中身（行政サービス）について正しい法的な情報を身につけておく必要があります。所管する事務の法的根拠を確認し、解釈や運用を十分に理解して、住民にわかりやすく説明するのです。

　（エ）組織的に適正な手続にのっとって応対すること

　そして、一定の適正な手続にのっとって応対することが大切です。人によって、応対の内容や態度が異なっているのは、平等原則（→76頁）に違反します。

　しかし、住民にはいろいろな人がいます。とくに、許認可や個人情報を取り扱う職場では、犯罪行為や不当利得要求行為（行政対象暴力と呼ばれることがあります）に対する危機管理の課題があります。無用な危害や損害を自治体や自治体職員が受けないよう、日頃から、窓口の後ろ側の事務部門の協力体制を訓練しておき、段階に応じた責任者を決めておくべきです。すべての住民の声は、原則として文書化して証拠を残し、一定期間内に文書で回答するといった取扱いのルール化も必要でしょう。

　（オ）防げないトラブルは、
　　　　　　司法的解決を受けて立つ気概を持つこと

　最善の努力をしても解決しないトラブルは、第三者の立場から司法的解決を図るべきです。こうしたトラブルについて、法的対話の場として準備されている複数の方法（各法令に定める司法的解決、行政不服審査法や行政事件訴訟法などの手続）について、住民にわかりやすく案内できるだけの知識を備える必要があります。

206

2 自治体と住民との法的なトラブルの解決手続は

（1）正式の解決手続と非正式の解決手続

　自治体に届く住民の声には、大きく分けると、住民同士の紛争の解決を求めるものと、自治体の活動に対する不満・不服とがあります。後者の不満・不服は、自己の生活上の権利や法的利益にかんする不満・不服と、自己の権利・利益には直接は関係ないものとに分かれます。以下、このテキストでは、自己の権利・利益にかんする不満・不服を「**主観的な不服**」と、そうでないものを「**客観的な不服**」と、それぞれいうことにします。

　この章では、主に、この「主観的な不服」にかかわる法的なトラブルの解決について説明します。

　住民の主観的な不服にかんする法的なトラブルを解決する手続は、【図 6-1】のように分類することができます。ここで、不服をもつ人が、何らかの行動を起こすことを、「不服の申立て」ということにします。そして、不服の申立ての解決方法に具体的な「法」（成文法）の根拠があるかどうかによって、これらの手続を、「正式の解決手続」と「非正式の解決手続」とに分けます。すなわち、不服の申立ての根拠が法律や条例にあって、住民が不服の申立ての権利をもつ場合が、ここでいう正式の解決手続です。民事訴訟、行政事件訴訟、審査請求、条例に基づくオンブズマン制度が、その例です。一方、住民の不服の申立てが法律や条例で具体的な権利としては定められていない場合のトラブル解決手続が、「非正式の解決手続」です。法律や条例に根拠のない「苦情対応」が、これにあたり

207

【図6-1】法的トラブルの解決手続

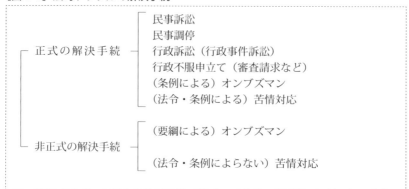

※ 通常「正式」の対となる言葉は「略式」ですが、(要綱による)オンブズマンや、(法令・条例によらない)苦情対応は、正式な手続を簡略化したものではありません。また、「公式」「非公式」という言葉がありますが、(要綱による)オンブズマンや、(法令・条例によらない)苦情対応は、このテキストでは法的な手続であると考えるので、この意味において「非公式」な手続ではありません。そこで、ここでは、「非正式」という言葉を用いています。

ます。

　すでに述べたように、住民の声は、いろいろな経路を通じて自治体に届きます。ですから、これらの解決手続にかんする住民の不服の申立先も、いろいろなものがあります。直接関係のある組織や、住民の声を専門的に聴く組織だけでなく、議会、オンブズマン、国の行政機関、裁判所などです。

　正式の解決手続については3以下で説明します。この節では、非正式の解決手続である「苦情対応」について、それも直接その事務の所管組織が行う苦情対応について、説明します。

(2) 苦情対応の定義と法的な性格

　このテキストでいう苦情対応とは、行政(執行機関)が住民の苦

情（不満・不服）を受けつけて、それに何らかの対応をすることを**いいます。法令上「苦情の処理」とすることが多いのですが、苦情を申し立てた人からは大変不快な表現です。法令について述べるときも含め、「苦情対応」または「苦情への対応」に統一します。

　苦情対応は、受けつけることのできる苦情の対象が広いこと、比較的簡単な手続であること、申出の期間に制限がないことなど、訴訟などの手続にはない利点をもちます。また、白黒をはっきりつける解決にはなじまないような場合に、苦情対応は柔軟な解決を図ることができます。

　しかし、苦情対応の手続では申し立てた人が求めていた内容を自治体に対して法的に強制することはできません。また、苦情対応の手続の多くは、第三者的機関によらず、その苦情にかかわる事務の所管組織等の内部組織が行います。中立・公平性の確保の点では、限界があります。

　こうした限界があるものの、苦情対応は、実際には、住民の権利の救済や行政運営の改善に、大きな役割を果たしています。

（3）正式の苦情対応手続

　【図6-1】のとおり、苦情対応の手続には、法律や条例に根拠のある「正式の苦情対応手続」と、根拠のない「非正式の苦情対応手続」とがあります。なお、要綱は本来の「法」ではありませんので（→74頁）、要綱に基づく苦情対応手続は、非正式の苦情対応手続となります。

（ア）法律に基づく正式の苦情対応手続
　法律は、自治体における一般的な苦情対応のしくみを定めていま

第6章　トラブルの解決も法に基づいて行う

せん。ただし、個別の事務については、いくつかの法律の定めがあります。たとえば、自治体は、公害苦情相談員をおき、公害にかんする苦情の対応についての事務をさせることができます（公害紛争処理法 49 Ⅱ参照）。また、事業者と消費者との間の取引で生じた苦情について、自治体には苦情対応のあっせんなどの施策を講じる義務があります（消費者基本法 19 Ⅰ〜Ⅲ参照）。

（イ）条例に基づく正式の苦情対応手続

　自治体の事務全般にわたる苦情の対応手続を条例で具体的に定める例は、ごくわずかです（〔コラム 25〕参照）。ただし、第三者機関が苦情を受けつけて処理を図るという制度を条例化する例があります（自治体オンブズマン→ 214 頁）。これは、一般的な苦情対応の法的規律の第一歩といえます。

（4）苦情対応の基本原則

　以下、正式、非正式を問わず、職員が苦情対応を担当する場合に

〔コラム 25〕是正請求手続制度

　岐阜県多治見市では、「**多治見市是正請求手続条例**」を制定し、市の機関の行う行為や不作為に対して是正を権利として求めることができるようにしました（2010 年 4 月施行）。これは、国レベルで 2008 年に国会に提案した行政不服審査法の全部改正法案のしくみを参考に、請求対象を、行政処分以外の市の機関のあらゆる活動に拡げたものといえます。同法案は廃案となりましたが、2014 年に制定された行政不服審査法の全部改正法は、この 2008 年法とかなりの部分で共通します。多治見市の例は、本文の苦情対応を正式な制度にする場合のひとつのモデルであるといえるでしょう。

210

共通する基本原則について、説明します。

（ア）誠実対応の原則

第1は、**誠実対応の原則**です。これは、自治体職員の当然の責務です。おざなりな対応では、その人に対して、当局の行動の正当性を説明できないからです。また、憲法は、すべての人に、平穏に請願する権利を保障しています（憲16）。そして、自治体は、請願を誠実に対応する義務があります（請願法5参照）。この規定の精神は、苦情への対応にも、当然及ぶのです。

（イ）最適手続選択の原則

第2は、**最適手続選択の原則**です。（1）でみたように、住民との法的トラブルの解決には、いろいろな手続があります。訴訟や審査請求のほか、「苦情対応」のなかにも特別に制度化された手続もあります。そこで、住民から苦情があった場合には、その内容に応じた各種の解決手続があることを住民に説明し、その住民の意思に適した手続によって苦情を解決する必要があります。

また、正式の苦情対応の場合に、住民が審査請求や行政事件訴訟などを提起できるときは、自治体は、改めてその旨やいつまで提起できるかを説明する必要もあります（行政不服審査法82Ⅰ、行政事件訴訟法46Ⅰ）。審査請求や行政事件訴訟を提起できる期間は決まっていて（行審18、行訴14）、正式の手続による苦情を申し立てても、この期間は延びないからです。自治体当局としては、審査請求や行政事件訴訟などを回避する方が都合がよいでしょう。しかし、住民には裁判を受ける権利があります（憲32）。これを、妨害するような行為（例、苦情対応によることを強く行政指導し訴訟を提起させないようにする行為）は、この裁判を受ける権利を侵害する憲法違反の行為です。およそ、自治体の存在理由（→33頁）にかなった行為で

はありません。

（ウ）平等対応の原則

第3は、平等対応の原則です。同様の苦情には同様に対応しなければなりません。

もちろんこれは、前例を踏襲すればよいというものではありません。法を取り巻く環境（社会経済情勢）は、刻々と変化します。住民の行政に対する要求は多様化していますし、自治体の組織としての政策立案・執行能力も、日々向上すべきものです。こうした状況全体を考えて前例を変更する方がより妥当であるときは、これを変更しなければならないのです。変更する場合は、その理由を説明しなければなりません。

（エ）法の体系に配慮する原則

苦情には、事務処理上の単純ミスを改めることで解決できるもの、法の解釈の変更で解決できるもの、解決するには法令の改廃を必要とするものなど、いろいろなものがあります。そこで、職員は、苦情の原因となっている自治体の活動が何に基づいているかということを考えなければなりません。たとえば、それが自治体の組織内部での申合せに基づくものであるときは、住民の苦情に応じること（苦情の内容に沿った解決をすること）は、比較的容易です。しかし、それが法律や条例の明文の規定に基づくときは、苦情に応じるべき事案は、きわめて少なくなります。つまり、苦情の原因となる自治体の活動が何に基づくものかによって、法の体系（→62頁）に配慮して、苦情の解決にあたらなければならないのです。これを、法の体系に配慮する原則と呼びます。

（5）苦情の報告と記録・データベース化

　自治体の現場では、苦情の大半は、上司の判断を経ず、担当の職員限りで処理しています。自治体の意思決定が、基本的には、起案・決裁の手順を経る（→ 142 頁）のに対して、苦情対応は、たいていは、そのような手順を経ません。ところが、のちに訴訟等の形で問題となる事案の多くが、窓口での対応を含めた担当職員の苦情対応のミスに起因しています。苦情には、的確な初期対応が必要です。それには、苦情対応をする担当職員は、適宜、その内容を上司に報告すべきです。

　上司のなかには、報告を受けても苦情から逃げ回る失格者も多数いるでしょう。しかし、こうした初期の報告を制度化しておけば、全体としては自治体の苦情対応能力を高めます。また、苦情対応を受けつけて解決するまでの手続を制度化しておく必要もあります。

　そして、苦情の内容とその解決方法については、できる限り記録する（文書化する）ことが大切です。記録がなければ、苦情の平等処理は困難だからです。また、苦情のなかにはタテワリ組織にとどまらない各組織を横断するようなものが多々あります。こうした苦情に的確に対応するためには、そうした苦情の内容や各組織での対応状況についての情報を共有化しなければなりません。これも苦情の記録化を必要とする理由のひとつです。ただし、苦情を述べた方の氏名等を含めて各組織に伝えることは、個人情報の保護の観点から、それが行政対象暴力（→ 206 頁）を構成するものでない限り、許されることではありません。

　こうした苦情を分類整理すると、住民の行政ニーズと自治体の現

第6章　トラブルの解決も法に基づいて行う

状とのギャップがはっきりしてきます。これが、より的確な政策の
立案・執行につながるのです。それには、コンピュータ等を活用し
た苦情のデータベース化が必要になります。

3　オンブズマン制度

（1）オンブズマンとは何か

（ア）オンブズマンの種類

「市民オンブズマン」は、情報公開制度の活用により、自治体の
食糧費を使った官官接待の実態などを追及し、大変有名になりまし
た。これは、地域の住民や弁護士などを中心メンバーとした純粋な
民間組織であり、住民による自治体活動の監視組織です。

ところで、もともとの意味での**オンブズマン**とは、**国民に代わり、
苦情の解決や行政運営の適正の確保を図るために独立して行動する
人**のことです。「マン」といっても女性を含むことはもちろんです。
このため、「オンブズパーソン」とか「オンブズ」と呼称する例も
あります。1809 年にスウェーデンではじまったオンブズマン制度
は、1955 年にデンマークが導入したことを契機とし、ヨーロッパ、
ニュージーランド、アメリカ（州）、韓国をはじめ、アジア、アフリカ、
中南米など世界に普及しています。

このテキストで以下説明する「オンブズマン」は、住民による自
治体監視のための「市民オンブズマン」ではなく、**国や自治体が設
置する公的なオンブズマン**のことです。このうち、自治体が設置す
るオンブズマンのことを自治体オンブズマンと呼ぶことにします。

自治体オンブズマンの先駆けは、1990 年 10 月に実施した東京

214

都中野区の福祉オンブズマン（福祉サービス苦情調整委員）と、同年11月に実施した川崎市の市民オンブズマンです。

中野区のオンブズマンはその名称のとおり、対象を福祉に限った部門（特定の行政分野の）オンブズマンです。今日では、保健福祉のなかでも介護保険にかんする苦情を対象とする制度など、福祉分野のオンブズマン制度は非常に多様化しています。また、福祉分野のほかにも、環境（岐阜県御嵩町、滋賀県など）、こどもの人権（兵庫県川西市など）、人権（川崎市）、男女共同参画（埼玉県など）といった個別分野のオンブズマンが設けられています。

一方、当初の川崎市のオンブズマンは、市の行政全般を対象とした総合オンブズマンです。このような総合オンブズマンも、少しずつ設置が増えています。近年要綱から条例化をした兵庫県明石市では、「明石市法令遵守の推進等に関する条例」において公益通報制度（→133頁）とあわせてオンブズマン（自治体オンブズマン）を制度化しています。

もっとも、オンブズマン制度を廃止する自治体もあり、日本でこの制度は、なかなか定着しません。

さらに、京都府の監査委員は「府民簡易監査」制度によって、府民の苦情を受けつけ、総合オンブズマンに非常によく似た業務を行っています。

　（イ）オンブズマンの機能

オンブズマンには、①行政監視機能、②苦情対応機能、③行政改善機能、の3つの機能があります。

まず、行政監視機能とは、行政活動が適正かどうかを監視する機能です。日本では例はありませんが、多くの国は、議会にオンブズマンをおき、外部から行政を監視しています。

215

第6章　トラブルの解決も法に基づいて行う

　つぎに、苦情対応機能とは、行政に比較して弱い立場にいる住民に代わって、住民からの苦情を行政に処理させる機能です。行政に精通したオンブズマンが間に入ることで、行政と住民との関係を対等な力関係にさせるのです。

　そして、行政改善機能とは、個々の苦情対応にとどまらず、苦情の原因としての制度の正当性にまでさかのぼって問題解決を検討する機能です。「不当な結論のように思われるが制度的にはやむを得ない」といった事案に対して、制度を変えることで事案の解決を図ろうとするのです。

（2）自治体オンブズマン制度の現状

（ア）自治体オンブズマンの特徴
　自治体オンブズマンには、いくつかの種類があり、それぞれ特徴があります。

　まず組織上の位置づけにかんして、本来は独立の執行機関として設置しようとした自治体が少なくありませんが、地方自治法上の制約から、オンブズマンを首長の附属機関（→ 114 頁）として位置づけています。一方、いくつかの自治体は、オンブズマンを要綱で定めています。要綱によっていては、オンブズマンを、執行機関の補助機関として位置づけつつ、実務的には長の事実上の諮問機関（附属機関類似のもの）として扱おうとするようにみえます。

　また、世界各国の多くのオンブズマンが議会に設置するものであるのに対し、日本の自治体オンブズマンがすべて首長の下に設置するものであることに注意してください。行政（執行機関）を監視するのが首長の附属機関等であるというのは一見おかしく思います

216

が、これは、議会の下に附属機関としてのオンブズマンをおくことはできないという地方自治法の解釈によるものです。そこで、各自治体は、首長からのオンブズマンの実質的独立性を高めるために工夫をこらしています。いずれにしても、自治体オンブズマンの機能は、首長の下の附属機関等であるために、苦情対応に大きな比重をおくものになっています。

（イ）自治体オンブズマンの苦情対応方法

それでは、実際にオンブズマンはどのように苦情をに対応しているのか、自治体の総合オンブズマンの草分けである川崎市の実例をみていきましょう。

まず、オンブズマンによるしごとの進め方です。オンブズマンは、住民からの苦情の申立てに基づいて、または職権により、事案の調査を開始します。そして、実地調査権などの条例で定める権限（調査権）を行使して、その結果、必要に応じて、是正措置の勧告や制度改善の意見表明をします。これらは、苦情の申立人に通知すると同時に、一般にも公表します。

つぎに、具体的な苦情の対応状況です。川崎市のオンブズマンは、1990 年 11 月の発足から 2015 年 3 月までの 24 年 5 か月間で、合計 3,463 件の苦情を受け付けました（年平均約 140 件）。このうち、約 3 分の 1 の案件で、苦情申立ての趣旨に沿った結果の通知を発しました。2014 年度の報告書からどのような申立てがなされているかをみると、「建築管理課が正午から午後 1 時まで昼休みだった」といった、市の機関における日常的な業務の執行にかんする苦情が大多数です。

（ウ）自治体オンブズマンをうまく機能させる条件

自治体オンブズマンがうまく機能する条件は、**独立性と高い権威**

第6章　トラブルの解決も法に基づいて行う

を保つことです。そのためには、独立した事務所やスタッフなどを整備・配置する必要がありますし、オンブズマンの選任に議会の同意を要することにするのが適当です。

　また、オンブズマンの判断は首長等の執行機関を法的に拘束することができませんので、その高い権威と住民の支持によって、勧告・意見の実現を図ることになります。このため、オンブズマンにいかに人を得るかが非常に重要になります。

4　行政争訟にはどのようなものがあるか

（1）行政争訟制度とは何か

　生活保護を申請したところ却下（拒否）処分を受けたけれどもこれに不服があるといった場合に、住民は、どのような「正式の解決手続」を利用できるのでしょうか。法定のオンブズマン制度を除くと、行政処分（→180頁）にかんしては、**行政不服申立て**と**行政事件訴訟**の2つがあります。オンブズマンの判断は行政を法的に拘束するものではありませんが、これら2つは、その結果を自治体に法的に強制します。

　行政不服申立ては、住民がその不服を行政機関に申し立てて解決を図るものです。この4では、以下単に「不服申立て」ということがあります。その一般法として**行政不服審査法**があります。また、行政事件訴訟は、その不服を裁判所に申し立てて（訴えを提起して）、裁判によって解決するものです。このテキストでは、**この2つの制度をあわせて行政争訟制度と呼びます**。

　行政不服申立てと行政事件訴訟のどちらを選択するかは、法律に

218

特別の定めがない限り、住民の自由です。つまり、どちらか１つだけをしてもよいですし、両方を同時に行ったり、不服申立てを先に行いその結果が不満であれば訴訟をするといったこともできます。ただし、法律により、不服申立てを経なければ行政事件訴訟を提起できないものがあります。こうしたしくみを**不服申立前置主義**といいます。上記の生活保護の申請却下処分や地方税の課税処分など行政処分の多くが、不服申立前置主義（審査請求前置主義）をとっています（生活保護法 69、地方税法 19 の 12）。

（2）行政不服申立制度はどのようなものか

（ア）不服申立ての種類

不服申立ては、行政庁（→ 180 頁）の行政処分が**違法または不当**であるから不服という場合や、行政処分をしないこと（「**不作為**」といいます。）に不服がある場合に、利用できます。

そして、行政不服審査法は、不服申立てを、基本的には**①審査請求、②再調査請求、③再審査請求**の３種類に分けます。ただ、再調査請求は、自治体の機関が行う行政処分ではほとんどありません。また、再審査請求は、審査請求の裁決に不服がある場合に、法律が定めたときに例外的になし得るものです。このため、再調査請求と再審査請求については、以下では説明をしません。

処分や不作為に不服がある人は、審査請求をすることができます（行審２・３）。審査請求先すなわち審査請求に対する判断をする機関（審査庁）は、処分をした行政庁（処分庁）や不作為に係る行政庁（不作為庁）の最上級行政庁などです（行審４④）。自治体の場合、その行政処分が自治事務のときは、その行政処分の最上級行政庁である

219

第6章 トラブルの解決も法に基づいて行う

首長その他の行政委員会等が審査庁になります。ただし、法定受託事務の処分ついては、処分庁・不作為庁が都道府県知事の場合はその法令を所管する大臣への審査請求と、処分庁・不作為庁が市町村長の場合は都道府県知事への審査請求となります（地方自治法255の2）。なお、行政不服審査法を含めて各法律にはいろいろな細かい特例規定がありますので注意が必要です。

　生活保護の決定の例でみていきます。生活保護の決定は、都道府県知事、市長または福祉事務所を管理する町村長のいずれかが行います（法定受託事務。生活保護84の5・別表第三）。そして、保護決定をする行政庁が誰かによって審査請求先の行政庁は違ってきます。市町村長の場合は都道府県知事に、都道府県知事の場合は厚生労働大臣に審査請求をすることになります（自治255の2①・②）。また、都道府県知事の審査結果に不服がある場合は、厚生労働大臣に再審査請求をすることができます（生活保護66）。これは、市町村長が保護決定の権限を福祉事務所長に委任している場合も同様です（生活保護64・66）。たとえば、福祉事務所長が保護決定をした場合の不服申立ては、つぎのようになります（【図6-2】参照）。

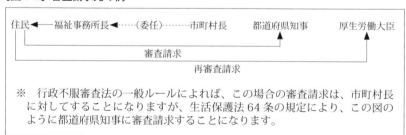

【図6-2】審査請求先の例

※　行政不服審査法の一般ルールによれば、この場合の審査請求は、市町村長に対してすることになりますが、生活保護法64条の規定により、この図のように都道府県知事に審査請求することになります。

4　行政争訟にはどのようなものがあるか

　なお、行政不服審査法以外の法律では、不服申立てを「**裁定の申請**」（都市緑地法33Ⅰ）や「**異議の申出**」（公職選挙法202）などと呼ぶものもあります。

　（イ）不服申立て制度の存在意義

　行政事件訴訟制度のほかに行政不服申立制度を設ける意義は、理念的には、つぎの点にあります。

　第1は、**住民に簡易迅速な救済手段を提供すること**です。裁判ですと厳格な訴訟手続によらなければなりませんので時間や経済的な負担が大きくなりがちです。しかし、不服申立ては、訴訟よりは、簡易な手続で迅速に住民の権利を救済することができる制度です。というのは、不服申立ては無料ですし、代理人に弁護士以外の人を立てられるからです（行審12Ⅰ）。行政事件訴訟の場合、その代理人は、原則として弁護士しかなれません（民事訴訟法54Ⅰ本文）。

　第2は、審査庁が、もとの処分（原処分）の違法性だけでなく、**不当性も審査できること**です（行審1Ⅰ）。訴訟ですと、裁判所は、処分が法律に適合しているかどうか（違法であるかどうか）の審査だけしかできません。その点で、理論上は、不服申立て（審査請求）の方が訴訟より住民の権利を救済できる範囲が広いのです（〔コラム26〕→222頁）。

　第3は、裁判に至る前の紛争の解決という点で、住民に限らず、**行政（自治体）や裁判所にとっても負担軽減を図ることができること**です。課税処分などの大量の処分がある分野では、確率的に、住民との紛争件数も多くなります。そこで、これがすべて裁判になると裁判所の現体制で大丈夫かという問題がありますし、行政も応訴という形で多大の時間と労力を費やさねばならなくなるからです。

　（ウ）不服申立ての運用で大切なことは

221

第6章　トラブルの解決も法に基づいて行う

　このように行政不服申立制度の大きな目的は、公正な手続の下で、住民に簡易迅速な救済を提供し、行政活動の適正を維持することにあります（行審１Ⅰ）。しかし、現実には、この目的にかなった運用とはいえない扱いが多々みられます。そこで、行政不服申立制度の適正な運用のために必要なことを、審査請求制度に即してまとめておきましょう。審査請求制度の内容についても多少触れます。

　第１は、とくに公正な審査請求の審理に心がけてください。審査庁が首長のときは、審査請求の審理について、職員のなかから審理員を指名して、審理手続を進めます（行審９Ⅰ）。その審査請求についての処分に関与した職員は、審理員となれません（行審９Ⅱ①）。審理員による審査では、処分庁は弁明書を提出することになります（行審29）。また、審査請求をした人（審査請求人）は、口頭意見陳述の機会をもっています（行審31Ⅰ）。この口頭意見陳述の機会では、

〔コラム 26〕違法と不当

　行政処分は、法治主義（→ 60 頁）に基づき、法律や条例であらかじめ定められたところに従ってなされなければなりません。もっとも、法律や条例で行政処分の要件や基準を詳細かつ明確に定めておく例は多くありません。不明確さが残る法律や条例の規定を具体的な事実に適用して行政処分を行う場合には、行政庁が裁量（→ 78 頁）のなかで判断をしなければならないことが多々あります。そして、行政処分の内容が裁量権を超えていたり、裁量権を濫用していたりする場合は「違法」となります。違法でないものでも、その事案に対して最適な判断ではない裁量権の行使は、「不当」なものとなります。裁判所は、裁量権の行使が濫用と評価されない限り、これを違法ということはできません。しかし、相手方住民にとっては、違法とならなければぎりぎりまで不当なことを行政がして良いというのではたまったものではありません。審査請求は、このような裁判では住民を救済できない不当な行政処分を是正することに、本領を発揮すべきものです。

審査請求人に、処分庁や不作為庁に対する**質問権**があります（行審31Ⅴ）。審査請求の審理が終わると、審理員は、審理員意見書を審査庁に提出しますが、審査庁はすぐに裁決をすることができるわけではありません。その意見書の内容について、原則として、各自治体に設置する**行政不服審査会などの第三者機関に諮問する**必要があります（行審43Ⅰ）。審査庁の裁決は、行政不服審査会等の答申をまって行うことになります。

第2は、住民の意思に基づき、**なるべく不服申立て（審査請求）の手段により処理する**ことです。住民は、一般には、審査請求について詳しい知識をもっていません。住民の申出がはっきりしないときは、その真意をよく質し、住民の意思に沿った方法で、なるべく法的な拘束力のある審査請求の手続で処理すべきです。これは、審査請求の書面が不備な場合などにこれを補正できるときは、審査庁は補正を求めなければならないという行政不服審査法23条の規定の趣旨から読み取れるものです。

残念ですが、行政実務では、審査請求がなされると、相手を行政指導（→180頁）によって半ば無理やり納得させて、その書面を単なる苦情の申立書として扱う例があります。職員が審査請求をよく知らないことや、審査請求がその処分庁に届いた場合にこれを審査庁に送付したくないことが、その本音にあるでしょう。しかし、これは、上記のような不服申立制度の趣旨には、全く合わない取扱いです。

第3は、**行政不服審査法を全般に柔軟に解釈する**ことです。たとえば、審査請求の対象は、「行政庁の処分その他公権力の行使」です（行審1Ⅰ）。これを厳格に解釈すると、審査請求の対象が狭くなります。柔軟に解釈して審査請求に的確な裁決を行いうるときに、

第6章　トラブルの解決も法に基づいて行う

これを厳格に解釈して審査請求の対象にしないと、住民の不服を、政治的（または闇の）解決に追いやります。法の厳格な解釈が、結果として法治主義を後退させるという皮肉を生むわけです。これを避けるため、行政不服審査法の柔軟な解釈が必要になるのです。なお、このような柔軟な解釈こそ、行政不服審査法が、本来求めていることです。

　たとえば、審査請求があっても、法律上は、処分の効力、執行、その手続の続行は、原則として止まりません（これを「**執行不停止の原則**」といいます。行審 25 Ⅰ）。しかし、結論がでるまでは処分の執行を停止しておく方が望ましいこともあり得ます（税の滞納処分－換価－にかんする執行停止につき地方税法 19 の 7 Ⅰ ただし書参照）。

　第4は、**積極的に事案を解明して問題を解決するように努める**ことです。自治体は、審査請求を、勝ち負けという当事者の対立の場だけではなく、行政処分の再評価の機会としてもとらえるべきです。これは、Plan-Do-See の See なのです。参考人の陳述・鑑定制度や検証（行審 34・35）など法律が用意するあらゆる権限を活用して、事案を解明し、住民にきちんと説明できる結論を得なければなりません。また、住民への説明という観点から、審査の基礎となる手もちの関係書類や物件などを、申立てをした人などに積極的に示すことも必要です。

　第5は、**迅速に処理する**ことです。審理員をはじめとした審査関係人（審査請求人を含みます）は、審理において相互協力し、審理手続の計画的進行が図られなければなりません（行審 28）。また、審査庁となるべき行政庁は、審査請求から裁決までに要する標準的な審理期間（**標準審理期間**）を設定するように努め、標準審理期間を設定したときにはこれをおおやけにしなければなりません（行審

224

16）。さらに、不服申立前置主義となっている行政処分でも、不服申立てから3か月を経過したときは、その結果を待たずに訴訟を提起できます（行政事件訴訟法8Ⅱ①）。この規定から、現行の法制度は審査庁が3か月以内に審査請求に対する判断結果を出すことを原則としていると解してよいと考えられます。なお、特別法が審査請求の処理期間を定めていることがあります。たとえば、生活保護についての審査請求は、50日以内（行政不服審査会に諮問する場合は70日以内）に判断結果を出さなければなりません（生活保護65Ⅰ）。

（3）行政事件訴訟制度はどのようなものか

（ア）行政事件訴訟制度とは

　住民の不服が、苦情対応制度や行政不服申立制度だけで、すべて適法妥当に解決できるとは限りません。これらの制度が、自治体（行政）による自己統制あるいは見直しの手段にとどまるからです。そこで、自治体の活動が住民の権利や法的利益を侵害している場合に、これを是正し、住民の権利利益を救済する（守る）最終的な国家機関が裁判所です。憲法は、住民の**裁判を受ける権利**を保障しています（憲法32）。住民には、違法な行政活動によって権利利益の侵害を受けたと考える場合には裁判で判定を受ける権利が、基本的人権として保障されているのです。行政事件訴訟制度は、民間の私人同士の法的な紛争（民事事件）とは異なった、住民と行政（自治体）との間の法的な紛争（行政事件）を裁判で解決するための制度です。生活保護の決定や課税処分などの行政処分（→180頁）の不服を争うときが、その典型です。そのための訴訟の種類や手続を定めるのが、**行政事件訴訟法**です。

第6章　トラブルの解決も法に基づいて行う

（イ）行政事件訴訟にはどのようなものがあるか

【図6-3】のとおり、行政事件訴訟法は、**抗告訴訟、当事者訴訟、民衆訴訟、機関訴訟**という4種類の行政事件訴訟を定めています（行訴2）。このうち、抗告訴訟は、**処分の取消しの訴え、裁決の取消しの訴え、無効等確認の訴え、不作為の違法確認の訴え、義務づけの訴え、差止めの訴え、その他**に分かれます（行訴3）。その基本は、処分（行政処分。→180頁）の取消しの訴えです。なお、住民訴訟（自治242の2。→239頁）は民衆訴訟のひとつであり、法定受託事務についての各大臣等による代執行等の手続にかんする訴訟（自治245の8Ⅲ・Ⅻ）は機関訴訟のひとつです。

これらの行政事件訴訟は、自治体の決定が違法であるときに、裁判所が判決により、その決定の効力を消滅させるなどして、その決定を是正させる制度です。たとえば、違法な課税処分による納税義務を消滅させたり、生活保護の廃止が違法の場合に保護を受けることができるようにするのです。

（ウ）裁判では正々堂々と

行政事件訴訟の発生件数は、国、自治体その他の行政庁のものを合計しても、年間2千数百件程度です。地方裁判所に提起される民事事件にかんする民事訴訟が年間20万件ほどであるのと比べると、極端に少ない数です。小規模自治体では、訴訟、とくに行政事件訴訟が起こることは、今でも非常に珍しいことです。

このため、職員のなかには、裁判になることはしごとの失敗であると考える人がかなりいます。そして、訴訟への対応は自治体本来のしごとではないという意識は、自治体に広く蔓延しています。訴訟からの逃避行が生じる背景です。

しかし、自治体の活動が法に基づく限り（→60頁）、そこで生じ

226

4 行政争訟にはどのようなものがあるか

【図 6-3】行政事件訴訟の種類

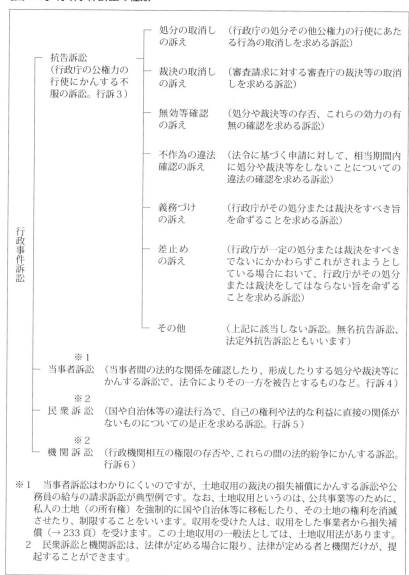

※1 当事者訴訟はわかりにくいのですが、土地収用の裁決の損失補償にかんする訴訟や公務員の給与の請求訴訟が典型例です。なお、土地収用というのは、公共事業等のために、私人の土地（の所有権）を強制的に国や自治体等に移転したり、その土地の権利を消滅させたり、制限することをいいます。収用を受けた人は、収用をした事業者から損失補償（→ 233 頁）を受けます。この土地収用の一般法としては、土地収用法があります。
　2　民衆訴訟と機関訴訟は、法律が定める場合に限り、法律が定める者と機関だけが、提起することができます。

第6章　トラブルの解決も法に基づいて行う

た法的な紛争は、最終的には裁判で解決できなければなりません。自治体が公正・透明な法的ルールにのっとって積極的に政策を展開することは、当然のことです。その結果、自治体と住民との間で、自治体と国との間で、法的な対立が増えます。裁判による法的紛争の解決は、自治体本来のしごとともいえます。自治体は、裁判の場で、自らが行ったしごとの適法・妥当性を、相手方（住民、国等）に対して正々堂々と主張していかなければなりません（→53頁）。

5　損害賠償責任が生ずるとき

（1）自治体に損害賠償責任を認める法とその必要性

　行政争訟制度とくに行政事件訴訟制度は、国民（住民）に裁判を受ける権利（憲法32）を保障するために、当然なければならない、重要な権利の救済制度です。しかし、それだけでは、権利の救済としては不十分です。

　ある人に出していた町民会館のホールの使用許可を、使用日の直前になって、（町長の親戚の葬儀に使用するからと）取り消した場合を考えてみましょう。この場合、まずは、裁判所や自治体などが、その使用許可取消処分を取り消して、その人がホールを使用できるようにすべきです。しかし、使用日を過ぎてしまった場合どうなるでしょうか。そのホールで予定していた行事を中止したことにより準備にかけた費用が無駄になったり、別の会場をあわてて借りた結果余分な費用が生じたりします。これは、違法な使用許可取消処分の取消しだけでは回復できない住民の損害です。こうした損害は賠償すべきであるというのが、一般常識でしょう。

228

憲法は、こうした一般常識を裏づける規定をもっています。すなわち、「何人も、公務員の不法行為により、損害を受けたときは、法律の定めるところにより、国又は公共団体に、その賠償を求めることができる」のです（憲17）。この憲法の規定に基づき、国や自治体等が損害賠償責任を負う場合について定めるのが、**国家賠償法**です。なお、この法律は、国や自治体等がどのような活動をした場合にどのような内容の賠償責任を負うのかを定めたものです。行政関係の賠償のための特別の裁判手続法はありません。したがって、国家賠償法に基づく損害賠償の請求の訴訟は、民事訴訟の手続によることになります。以下、損害賠償責任のことを単に「賠償責任」ということがあります。

また、自治体が一方の当事者であっても私人と同じ立場で行った活動については民事法（民法の不法行為規定など）が適用されます。

（2）自治体はどのような場合に損害賠償責任を負うのか

（ア）国家賠償法に基づく賠償責任

国家賠償法は、大きく２種類の賠償責任について定めています。第１は、「**公権力の行使に当る公務員が、その職務を行うについて、故意又は過失によつて違法に他人に損害を加えたとき**」の損害賠償です（国家賠償法１Ⅰ）。第２は、「**道路、河川その他の公の営造物の設置又は管理に瑕疵があつたために他人に損害を生じたとき**」の損害賠償です（国賠２Ⅱ）。以下、この２つの賠償責任について説明します。

a　第１条の賠償責任

まず、この法律でいう「公権力の行使」について裁判所は、やや

あいまいですが、典型的な権力的行為だけでなく、民間と同じ活動（私経済的活動）以外のもの（例、公立学校の教師の教育活動）は広く公権力の行使であると解釈しています。

　つぎに、職員が「職務を行うについて」です。職員であっても職務外で発生させた損害の賠償責任は、その職員が個人で負います。ただし、職務外の場合でも客観的に職務の外形を備えている行為による場合は、自治体が賠償責任を負います。警察官が、非番の日に制服を着用して、巡回中のようにみせかけて暴行を働いたときは、自治体が賠償責任を負うこともあります。

　第3に、「故意又は過失」によって損害を与えるということです。職員に、故意も過失もないときは、自治体は、賠償責任を負いません。ここで「故意」とは「意図的に」という意味と考えてよいでしょう。また、「過失」とは、一言でいうと、「不注意で」ということになります。現実には、故意よりも過失の有無とその内容が問題となります。そして、過失とは、職員が通常払うべき注意義務を尽くしていないということを意味します。たとえば、生活保護で、本当は別人が所有する不動産を単に受給者の登記名義だということだけで資産として認定し、保護を停止するような場合、過失があるといえます。また、個々の職員に過失があるとはいえないような場合でも、行政の組織、人事、しごとの仕方など、行政運営のシステム自体に問題があることがあります。このような組織的な過失ともいうべき問題によって損害が発生したような場合にも、自治体は賠償責任を負うことがあります。

　そして、損害の発生が「違法」な場合でなければ、自治体の賠償責任は発生しません。ここで、「違法」とは、法律や条例の規定に違反している場合だけではなく、客観的な正当性に欠け法的な正義

の観念に反する状態を意味します。なすべき行為をしない（不作為）ことによって損害が発生したときも、それは違法になります。

b　第2条の賠償責任

国家賠償法第2条の責任では、公の営造物の設置・管理の瑕疵が問題になります。

まず、「公の営造物」とは、公の目的のために使っている物のことをいいます。自治体でいえば、公の施設（地方自治法244 Ⅰ。→34頁）や、庁舎などの行政財産（自治238 Ⅲ）が、「公の営造物」の典型です。

つぎに、「公の営造物の設置又は管理に瑕疵」があるというのは、公の営造物が通常有すべき安全性を備えていない状態のことをいいます。こうした状態が生じていれば、その状態の発生について職員の過失がなくても自治体は賠償責任を負います。

c　具体的な賠償額などを決めるためには

これらの賠償責任については、国家賠償法で定める以外は、民法の規定によります（国賠4）。たとえば、損害賠償の方法は金銭賠償が原則ですし（民法417・722 Ⅰ）、被害者の側にも過失があるときは過失相殺をします（民722 Ⅱ）。つまり、国家賠償法の損害賠償は、民法の損害賠償責任の基礎の上に成り立っています。

なお、国家賠償法1条および2条の各賠償責任について、民法以外の法律で別段の定めがあるときは、その定めるところによります（国賠5）。また、裁判で賠償額が確定したような場合などを除き、自治体が損害賠償の額を定めるためには、議会の議決が必要です（自治96 Ⅰ⑬、例外－地方公営企業法40 Ⅱ参照）。

（イ）民法等に基づく賠償責任

公立病院での医療行為が違法であったり、公の営造物以外の土地

231

の工作物（建物、塀など）の設置・管理に瑕疵があったりする場合の損害に、国家賠償法の適用はありません。しかし、これらについて、**自治体は、私経済的活動により生ずる損害として民法やその特別法（商法など）に基づく賠償責任を負います**（民709、717）。

また、自治体の私経済的活動における契約違反などについて自治体は、私人と同様、債務不履行に基づく賠償責任を負います（民415）。したがって、民法の損害賠償にかんするさまざまな規定は、自治体の活動にとっても、大変重要なのです。結局、職員は、民法を知らずして、しごと（法務）を進めることができません。

なお、自治体が、こうした民法やその特別法上の損害賠償の額を定めるときにも、国家賠償法に基づく賠償責任と同様に、原則として議会の議決が必要です。

（3）職員個人はどのような場合に損害賠償責任を負うのか

現在の裁判の実務では、被害者は、原則として、加害行為（違法行為）をした職員本人に対して、直接、損害賠償を請求することができません。その代わり、賠償をした自治体が、職員に故意または重大な過失があるときに、賠償額の全部または一部を請求することができます。これを**求償**といいます（国賠1Ⅱ）。

このほか、出納事務をする職員が自治体で保管する現金をなくした場合などには、自治体の長等が、その職員に対して、一定の場合に賠償命令を出すことができます（自治243の2、地公企34）。また、住民が住民訴訟を提起して、自治体に対しこのような命令を発するよう裁判所から命ずる判決を得ることもあります（自治242の2、242の3。→239頁）。

5　損害賠償責任が生ずるとき

（4）自治体の保険・共済制度と損失補償

　学校事故、道路事故などさまざまな損害の賠償に対応するため、各種分野の保険・共済制度さらには総合賠償補償保険制度ができ、多くの自治体がこれに加入しています。これらの制度では、国家賠償法や民法等に基づく損害賠償のほか、損害賠償ではない補償金についてもカバーしています。

　ただし、このような保険制度によって、自治体や職員の賠償責任が変わるわけではありません。保険があるから多少の事故は差しつかえないなどといった意識をもつことは、許されません。

　賠償責任が問題となる事故・事件では、保険の有無にかかわらず、まず、関係する職員自身が、相手に対して誠意ある対応をしなければなりません。これは、事実の確認のためにも、被害者が自治体に対して悪い感情を抱かないようにするためにも、大変重要です。もっとも、職員は、事実確認をする前から、自治体に責任があるかのような発言をしてもいけません。行政対象暴力のような場合には、職員の安易な一言が原因で、その後の交渉によって、不当な、とてつもない高額の損害賠償につながり、自治体が餌食となることがあります。

　最後に、損失補償について説明します。損害賠償が行政（自治体）の違法な活動によって生じた損害を償うものであるのに対して、**損失補償**は、普通は、**適法な活動によって生じる損失を償うもの**です（〔**コラム27**〕→234頁）。ダムや空港を作るために土地を収用する場合に収用を受ける人に支払うお金などがこれにあたります。損失補償は、多くの個別の法律に根拠規定がありますが、その大本は憲

233

第6章　トラブルの解決も法に基づいて行う

法29条3項にあります。同項は、「私有財産は、正当な補償の下に、これを公共のために用ひることができる」と規定しています。

6　民事訴訟や民事調停も重要である

（1）住民の不服の解決は民事手続によることもある

　住民の不服には、行政争訟の対象とならないものもたくさんあります。たとえば、工事や物の購入などの契約上のトラブルは、私人間の法的な紛争となんら変わりありません。そこに、自治体の公権力の行使はありませんので、行政争訟制度の対象にはなりません。このように、住民と自治体が対等な法的関係にあるときは、両者の紛争は、私人同士の法的紛争と同じルール（民事手続）で、解決することになります。

〔コラム27〕損失補償契約
　第三セクターが金融機関に負う金銭債務について、もし第三セクターが経営破綻するなどしてその債務を支払えなくなったときに、金融機関が被る損失（第三セクターが支払えなくなった債務）について、自治体が負担（補償）する旨の契約を、その金融機関と締結することがあります。この契約を損失補償契約ということがありますが、本文で述べた「損失補償」とは意味が異なります。
　なお、1946（昭和21）年法律24号（法人に対する政府の財政援助の制限に関する法律）3条により、自治体が法人の債務について保証契約を締結することはできません。このため、ここで示した損失補償契約が、実質的には法人の債務の保証契約ではないのかという問題が、裁判で争われ、これを違法とする判決もあります。安易な損失補償契約には、注意が必要になります。

6　民事訴訟や民事調停も重要である

　国家賠償法に基づく自治体の損害賠償の原因となる違法行為は、権力的な行為にみられるように、私人同士の関係とは異なった法的関係のなかで自治体が行った行為です。しかし、裁判でその解決を図るときには、行政争訟の手続にはよりません。民事（私人同士の法的な関係）の裁判等の手続によります。

　このように住民の不服を法的に解決する場合には、民事の裁判等の手続によるものもあることを、職員は、忘れてはいけません。

　民事にかんする裁判は、民事訴訟法およびその関連法律で定める手続によって行います。自治体の現場のしごとで民事訴訟法が必要となることは、多くないでしょう。しかし、行政事件訴訟法で定めのないことは民事訴訟の例によりますから（行政事件訴訟法7）、民事訴訟法は、自治体にかかわる裁判手続の基本になるといえます。行政事件訴訟を説明するのに民事訴訟法の条文を引用している（221頁）のは、このためです。

（2）民事調停制度による不服の解決

　民事の手続で住民の不服を解決するもう1つ重要な方法が、**民事調停法**に基づく**民事調停**です。これは、民事の紛争について「互譲により、条理にかない実情に即した解決を図る」（民事調停法1）ためのものです。関係者は、裁判所に民事調停を申し立てます。民事調停は、原則として、裁判官（調停主任）1名と民事調停委員2名以上で構成される調停委員会で行います（民調5～8）。住民と行政（自治体）が、ある程度お互いの立場を理解し、歩み寄れる余地があるならば、民事調停も、住民の不服を解決する有力な手続になります。民事調停は、民事訴訟よりは、簡易・迅速・安価な紛争解決

235

第6章　トラブルの解決も法に基づいて行う

制度です。自治体にとっても、メリットがあります。

　調停で当事者が合意し調書に記載をすると、調停が成立したことになります（民調 16）。調停が成立すると、お互いに調停の合意内容に基づく義務を実行しなければなりません。調停はこうした重要な法的効力をもちますので、自治体は、調停の合意内容について、原則として、事前に議会の議決を経ておかなければなりません（地方自治法 96 Ⅰ ⑫、例外－地方公営企業法 40 Ⅱ参照）。

　裁判以外の手続で紛争を法的に解決する制度もできています（**裁判外紛争解決手続の利用の促進に関する法律**）。今後は、この制度の活用も検討課題になるでしょう。

236

第 7 章
行政上の義務は職員にも住民にも

第7章　行政上の義務は職員にも住民にも

1　自治体が行うべきことをしないときに住民ができることは

（1）自治体が行うべきことをしないとき

　自治体は、住民福祉の充実のために法に基づいて適切に活動しなければなりません。しかし、現実には自治体に法的権限がありこれを行使すべきなのに、行使しない、放置しているという状態が生じています（例、違法建築の是正措置をとらない）。

　ここでは、自治体がなすべきことをしていない場合に、住民が自治体の活動を是正できる法的な手段について説明します。なお、自治体がそのような場合に、この放置によって権利や法的利益を直接侵害された住民は、行政争訟（→218頁）により、是正するよう行政に要求することができます。

（2）住民がもっている法的手段は

　住民が自治体に強制する方法は、つぎの3つの基準で分類することができます（【図7-1】）。第1は、それが法律に根拠のあるものか、自治体が独自に創設したものかという分類です。第2は、それが直接的か間接的かという分類です。第3は、こうした強制を請求する先が裁判所か裁判所以外の機関かという分類です。

　これらのうち、このテキストではまだ詳しく述べていないもので、重要な方法について、説明を加えます。

238

1　自治体が行うべきことをしないときに住民ができることは

【図 7-1】住民がもっている法的な手段

請求先	直接的方法		間接的方法	
	裁判所	その他の機関	裁判所	その他の機関
法律に基づくもの	住民訴訟 ◀	事務監査請求住民監査請求	犯罪行為に対する刑事訴訟 ◀	請　願解職請求告　発
自治体が創設したもの	規制権限発動請求訴訟 ◀	オンブズマン条例による規制権限発動	情報公開請求訴訟 ◀	情報公開請求

※自治体が創設したものでも、訴訟は、行政事件訴訟法に基づく行政事件訴訟として行います。

（ア）住民監査請求・住民訴訟

　住民は、自治体の違法または不当な財務会計上の行為について、監査委員（または条例で認められているときは外部監査人）に対し監査を求め、そうした行為を是正することを請求できます。

　これを「住民監査請求」といいます（自治242・252の43）。「**財務会計上の行為**」というのは、**公金の支出、財産の取得・管理・処分、契約の締結・履行、債務その他の義務の負担など**のことです。住民監査請求は、住民であれば誰でも（法人、未成年、外国人も）、そして自分の個別的な法的利益には関係がないことでも、ひとりで提起することができます。

　また、監査結果に不服がある住民監査請求の請求人は、違法な財務会計上の行為であれば、裁判所に対して訴訟を提起することができます（住民訴訟。自治242の2）。

　自治体の活動は、すべてといってもよいほど、公金の支出等の財務会計上の行為を必要とします。そのため、住民監査請求・住民訴訟は、自治体の活動に対する住民の有力な法的統制手段になっています。なお、住民訴訟の請求方法は、いくつかの類型に分かれます。そのなかでも、自治体に対して、違法な行為をした職員に対す

239

第7章　行政上の義務は職員にも住民にも

る損害賠償請求を義務づけることを求める請求が、具体的な財務会計上の損失をカバーするため住民にとって有意義なものとなっています。

（イ）解職請求（リコール）

選挙権をもつ住民は、その総数の3分の1以上の連署をもって、選挙管理委員会に対し、議会の解散や、首長・議会の議員の解職を請求することができます（自治76・80・81）。これをリコールといいます。3分の1以上という人口要件は、人口40万を超える自治体については、その規模によって少し緩和されます。リコールの請求後、選挙管理委員会は、住民投票に付します。有効投票の過半数の同意で、議会は解散となり、首長・議員は失職します（自治78・83）。

また、選挙権をもつ住民は、上記リコールの計算と同じ計算による人数以上の連署をもって、自治体の長に対し、副知事・副市町村長、指定都市の総合区長、選挙管理委員、監査委員、公安委員会の委員ならびに教育長および教育委員会の委員の解職を請求することができます（自治86、地方教育行政の組織及び運営に関する法律8）。リコールを通じて、間接的に自治体の活動をただすことができます。

（ウ）告発

廃棄物の不法投棄は禁止されており、その違反には刑事罰が科されます（廃棄物の処理及び清掃に関する法律16・25 Ⅰ ⑭）。こうした罰則が科される行為（犯罪行為）については、誰でも告発することができます（刑事訴訟法239 Ⅰ）。なお、自治体職員には、告発義務があります（→201頁）。

（エ）条例による行政活動請求権の創設

自治体では、条例によって、住民に各種行政権限の発動を請求する権利を保障することがあります。公害にかんする行政調査請求権・

規制措置発動請求権（公害防止条例等）などです。請求に対して自治体が何もしなければ、請求者は、その何もしないことが違法であるという理由で、裁判所に対し訴えを提起することができます（不作為の違法確認の訴え。行政事件訴訟法3Ⅴ）。それだけではなく、場合によっては、裁判により、自治体に対して何らかの行為を義務づけることもできます（義務づけの訴え。行訴3Ⅵ）。

2　住民が行うべきことをしないときに自治体ができることは

（1）住民が行うべきことをしないとき

　住民は、法律や条例、行政処分（→180頁）あるいは契約によってさまざまな義務を負います。税条例に基づく納税義務や、食中毒を起こした飲食店営業者が営業停止命令によって負う営業停止義務、工事請負契約に基づく請負業者のしごとの完成・目的物の引渡義務などです。これらの義務を、ここでは、行政上の義務といいます。後にみる行政代執行法1条にも「行政上の義務」が出てきますが、ここでは、それよりも広い意味で使用しています。また、これらの例示からわかるように、行政上の義務は、金銭上の義務と、非金銭上の義務に大別できます。

　住民が行政上の義務を果たさないときに行政がこれを放置しておくことは、公共の利益に反します。また義務を果たしている住民との間に不公平が発生することにもなります。

　行政上の義務が果たされていない場合、自治体（職員）としては、まず、相手方に対して行政指導（→180頁）によって、義務を果た

第7章　行政上の義務は職員にも住民にも

すよう説得するのが通例です。しかし、行政指導の内容は、相手方の任意の協力によってのみ実現するものです（行政手続法32条。→189頁）。自治体（職員）は、行政指導では義務が果たされた状態が実現しない場合には、それぞれの義務について法律が用意する手段で義務の実現を図らなければなりません。いつまでたっても行政指導しか行わない（行政指導に逃避する）のは、不作為の違法行為です。

（2）自治体が住民の義務を実現する法的手段は

　自治体が住民の義務を実現するには、行政がその義務である行為を代わって行うような直接的な手段と、義務違反者に刑罰を科すこととしその刑罰を背景に義務を果たさせようとする間接的な手段があります（【図7-2】参照）。ここでは、直接的な手段については、

【図7-2】行政上の義務の実現手段

手段の種別	義務の種別	私法上の法律関係から生じた義務	法律・条例に基づく義務
直接的手段	金銭上の義務	民事上の強制徴収	民事上の強制徴収 滞納処分等 （法律に定めがあるときのみ）
	非金銭上の義務	民事上の強制履行（代替執行など）	代執行 （代替的作為義務のみ） ※1
間接的手段	金銭上の義務 非金銭上の義務	民事上の強制履行（間接強制）※2 行政サービスの拒否 公表	行政罰 　刑事罰（行政刑罰） 　行政上の秩序罰（過料） 行政サービスの拒否 公表

※1　非代替的作為義務や不作為義務については、その実現を図る手段（例、直接強制）は、ほぼ存在しません。民事上の強制履行手続もとることができません。
　2　非代替的作為義務や不作為義務などについて、裁判所が、義務のある者に対して一定の額の金銭を権利者に支払うべき旨を命ずる方法により行うものです（民事執行法172条、173条）。

2 住民が行うべきことをしないときに自治体ができることは

金銭上の義務（金銭支払義務）と非金銭上の義務に分けて、説明をします。

（ア）直接的な手段（金銭上の義務）

住民が自治体との法律関係で負うこととなる金銭上の義務は、その発生原因が、一般の取引と同様の関係による場合と、法律や条例により特別に生じた場合があります。前者の例としては分譲された町有地を購入した場合がありますし、後者としては納税義務がその典型例となります。

そして、まず、前者の義務がなされていない場合、自治体は、民間におけると同様に、民事の裁判手続など（民事訴訟法、民事執行法、民事保全法、民事調停法など）によって、その義務実現を図ります。ここでは、この手続を**民事上の強制徴収**と呼びます。この手続では、裁判所が、義務者の財産を差し押さえて、競売に付し、換価（売却）代金を、未払の金銭義務にあてます。民事上の強制徴収では、行政（自治体）が勝手に義務者の財産を差し押さえてこれを未払の義務にあてるといったことはできません。

つぎに、法律や条例により特別に生じた金銭上の義務については、法律が、行政（自治体）に対して特別な手続をとることを認める場合があります。ここでは、これを、**行政上の強制徴収**と呼びます。

行政上の強制徴収では、督促を経たうえで、裁判所を通さず、行政当局自身が義務者の財産を差し押さえて、その財産を公売し、換価（売却）代金を、未払の金銭義務にあてます。差押え以降の手続を滞納処分といいます。このように、自治体が滞納処分をすることができる金銭上の義務は、個別に法律にその旨が規定されているものに限ります。その典型は、地方税についての金銭上の義務です（たとえば、市町村民税にかんする地方税法 331 条を参照）。

243

第7章　行政上の義務は職員にも住民にも

　法律や条例により特別に生じた金銭上の義務であっても、行政上の強制徴収（滞納処分）についての根拠規定がなければ、民事上の強制徴収の手続によることになります。

　民事上であれ行政上であれ、強制徴収は、相手方（住民）に大きな影響を与えます。給与を差し押さえれば、勤務先に税などの滞納の事実が知られてしまいます。あとで差押えが解除になっても、自治体が差押えをしたことがあるという事実は消えません。原因が本人にあるとはいえ、社会的には本人に大きなダメージを与えかねません。

　行政上の強制徴収の手続には、行政手続法・行政手続条例の規定の適用はありません（地方税法18の4参照）。しかし、職員は、こうした差押えの影響に十分配慮しながら、しごとをしなければなりません。支払が滞っている事情を正確に把握するという事実認定と、自主的な支払の方策はないのかを事前によく検討するということが、とくに重要です。

　（イ）直接的な手段（非金銭上の義務）

　a　民事上の法律関係から生じる義務

　行政上の義務で非金銭上のものについて、民事上の法律関係から生じる義務の実現や義務が果たされていないことによる損害賠償などについては、民法その他の民事関係法律によることになります。たとえば、先ほどの請負契約において請負業者がしごとを完成する義務を果たしていないときは、契約の解除ができます（民法541条）。くわえて、目的物の引渡し義務であれば、**強制履行**（民法414条）の手続をとることが考えられます。なお、民事上の作為義務（一定の行為をする義務）について、義務者を監視して強制労働につかせる方法でこれを実現させることは、現行憲法18条（奴隷的苦役の禁

244

止）から、認められないと考えられます。

b　行政特有の法律関係から生じる義務

行政においてとくに問題となるのは、法律や条例に基づいて住民に課される非金銭上の義務です。こうした非金銭以上の義務は、**作為義務**と**不作為義務**（一定の行為をしない義務）に分かれます。さらに、作為義務は、義務者以外の人が代わって行うことができる**代替的作為義務**を、代わって行うことができない**非代替的作為義務**があります。

これらの義務が果たされていないときの実現を図るための一般法として、**行政代執行法**が制定されています。この法律は、**代替的作為義務の実現のために、所定の要件と手続によって、行政が自ら、または第三者によって、その義務を代執行すること**を規定しています。行政庁が物の撤去命令を発したのに義務者がこの命令に従わないときに、行政代執行法により、その行政庁が自らその物を撤去する場合などがその例です。

非代替的作為義務や不作為義務が果たされていないときにこれを強制する制度は、いくつか考えられるのですが（〔**コラム 28**〕→ 246頁）、自治体の機関が用いることができるものは、法律上、ほぼありません。だからといって、行政特有の法律関係から生じる義務について、民事上の強制履行の手続によることもできません（宝塚市パチンコ店等規制条例事件。最判 2002（平成 14）年 7 月 9 日判例時報 1798 号 78 頁）。

なお、行政代執行法の特別法がいくつか規定されています（建築基準法 9 XIIなど）。しかしこうした特別の定めは法律でのみ創設でき、**自治体が条例で独自の義務実現手段を創設することは認められていない**とするのが、行政代執行法 1 条にかんする大多数の解釈です。

245

第 7 章　行政上の義務は職員にも住民にも

（ウ）間接的な手段（行政罰）

a　刑事罰

先にみた廃棄物の不法投棄にかんする罪など、法律や条例に、その義務に違反する場合に、刑事罰が科される旨定められていることがあります。なお、自治体（行政）は、義務違反をした人に、自ら刑事罰を科すことはできません。告発（→ 201 頁）をすることができるだけです。刑罰は、検察官が裁判所に起訴し、裁判所が判断をして、義務違反をした人（被告人）に科すものです。

刑罰は、自治体自身が義務違反の状態を直接解消するための手段ではありません。その意味では住民の義務を実現する間接的な手段です。ただし、このような刑罰の執行を受けていないこと、または

〔コラム 28〕執行罰・直接強制・即時強制（即時執行）

　行政代執行法の代執行のほか、行政特有の義務を実現させる手段として、執行罰と直接強制があります。執行罰は、行政上の義務が果たされていないときに、行政庁が、一定の期限を示し、もし期限内に履行しないか履行しても不十分なときは過料を科すというものです。また、直接強制は、行政庁がまず義務を実行するよう命令を発し、それでも義務が果たされていないようであれば行政庁の判断だけで相手方の身体や財産に実力を加えて義務を実現するというものです。いずれも、法律に根拠が必要であり、しかも現在ほとんど存在しません。

　また、直接強制に似た手段として、即時強制というものがあります。これは、義務の実行のための命令を発することなく、行政の判断だけでいきなり住民の身体や財産に実力を加えるというものです。警察官（警察法 55 Ⅰ）のする保護、避難などの措置や犯罪の制止行為が典型例です（警察官職務執行法 3・4・5）。この即時強制は、法律または条例に根拠が必要です（条例による即時強制創設には否定説もあります）。ここでいう即時強制のことを即時執行と表示する文献もあります。

246

2　住民が行うべきことをしないときに自治体ができることは

それと同等の事情にあることを、その刑罰にかかわる分野の許認可や免許の資格要件の１つにすることがあります（例、廃棄物の処理及び清掃に関する法律７Ⅴ④・14Ⅴ②）。そうした場合には、自治体は、不許可処分や許可取消し・免許剥奪といった方法によって、義務違反の状態の解消に向けた措置をとることになります。

b　行政上の秩序罰

自治体の長は、自治体の条例や規則に違反した人、不正行為により手数料等の徴収を免れた人や公の施設の不正利用者などに対して、過料を科すことができます（自治14Ⅲ・15Ⅱ・228Ⅱなど）。

こうした過料は、犯罪に対する刑罰ではなく、**行政上の秩序を維持するためのもの（秩序罰）**です。首長が科す過料は、不利益処分（→183頁）であるため、事前に弁明手続（→187頁）を経なければなりません（自治255の3）。

この過料は、裁判所の手を借りず自治体が行うものですが、義務違反を直接解消するものではありませんので、間接的な手段といえます（〔コラム29〕→248頁）。

なお、上記**刑事罰と行政上の秩序罰（過料）をあわせて、行政罰**といいます。

（エ）間接的な手段（その他）

a　行政サービスの拒否

住民が条例で事前に支払うことが義務となっている町民会館ホールの使用料を支払わないときは、その自治体（町）は、ホールの使用を拒むことができます（自治244Ⅱ）。水道料金を支払わない人に対しては、その不払いの状況がひどければ、給水サービスを拒否できます（水道法15）。このように、公共サービスの提供義務と住民の義務が法律、条例、契約によって直接的な対応関係にある場合

247

第7章　行政上の義務は職員にも住民にも

に住民がその義務を実行しないときは、自治体は、対応する公共サービスを拒否できることがあります。これについて参考になるのは、民法533条の規定（同時履行の抗弁権）です。

　2つの義務に法的な対応関係がない場合には、自治体は、住民が義務を行わないからといって、提供義務のある公共サービスを拒否することはできません。地方税を滞納しているという理由だけで、町民会館のホールの使用の申込みを拒否するというわけにはいきません（自治10Ⅱ・244Ⅱ・Ⅲ）。ただし、近年の自治体における税財政状況の悪化に伴い、税の滞納を理由とした公共サービスの拒否について条例で制度を設ける自治体があらわれました。こうした拒否も、その公共サービス提供の趣旨を否定してまで行える正当性があるのか、具体的な内容に照らして検討しなければなりません。

　b　公表

　公表とは、「一般の不特定多数の人々に、一定の事実を広く知らせること」と定義することができます。財政状況の公表（自治243の3）

〔コラム29〕過料と科料

　過料は、法令に特別な定めのない限り、地方裁判所が管轄し、非訟事件手続法による裁判によって科するものです（非訟事件手続法119以下）。本文の過料の行政処分は、その特例となります。自治体のしごとにかかわるものでも、首長が科すことのできない過料がたくさんあります（自治260の40、戸籍法134～137、住民基本台帳法51～53）。

　また、科料というものがあります（→67頁）。これは、犯罪に対する刑罰の一種であり、1,000円以上10,000円未満の金額を科するものです（刑法17）。

　両者を区別するため、過料のことを「あやまちりょう」と、「科料」のとことを「とがりょう」と発音することがあります。

2 住民が行うべきことをしないときに自治体ができることは

など、自治体による行政情報の住民への提供は、やり方によっては、公表にあたります。

　これとは別に、行政（とくに自治体）は、住民の法的義務の実行を確実なものにするため、一種の間接的な強制手段として、違反事実や違反者名を公表することがあります。

　公表それ自体は、住民の権利や義務に、直接的な法的影響を与えるものではありません。しかし、イメージの低下をおそれる事業者などは、公表されることが大変なダメージとなると考え、その法的義務を守るかもしれません。つまり、公表という手段は、相手に対して公表されるかもしれないという心理的な圧迫をかけることで、義務の実行を図ろうとする間接的な手段です（〔コラム 30〕参照）。

　しかし、公表を意に介さない人にとって、公表は効果がありません。むしろ気の弱い正直な人の方が、心理的により大きなダメージを受けるでしょう。公表内容が誤っていて、住民のプライバシーや営業上の秘密を侵害したりしたときは、自治体は、賠償責任（→ 228頁）を負います。それ以前に、公表という手段は、悪質な義務違反

〔コラム 30〕**行政指導に応じさせるための公表**

　本文は行政上の義務を実現するために用いる手段としての公表について述べたものです。そのほか、**行政指導の内容に相手を応じさせるための手段として公表を制度化する場合**があります。たとえば、国土利用計画法 26 条には、同法 24 条の勧告（届け出られた土地の利用目的について必要な変更をすべきことについての勧告）に従わないときの公表が定められています。応じる義務のない勧告に従わないことを見せしめのように公表することは、相手に事実上不利益を与えるものですから、法治主義の観点からは、国土利用計画法のように、法律や条例で根拠規定をおく必要があると考えられます。

第 7 章　行政上の義務は職員にも住民にも

者ではなく、たまたま違反をしたものの根は善良な住民を傷つけや
すい手段といえます。

　行政活動には比例原則が働きます（→ 77 頁）から、軽い違反を
した善良な人まで公表して大きなダメージを与えるといったこと
は、比例原則により避けるべきです。また、そうした公表の機能を
考えると、その根拠や手続についても法律や条例により規定するこ
とが妥当です。とくに、公表前に、不利益処分に準じて公表対象の
人の意見や主張を聞く機会を設けることが望ましいでしょう。

終章
これからの自治体法務を担う人々へ

1 地方分権の成果と自治体法務

（1）地方分権推進諸施策の成果

（ア）地方分権を振り返る意義

　われわれ編者がこのテキストの初版を構想し始めてから20年以上が経ちました。その間に、地方分権の議論と多少の実践が進み、自治体法務の重要性は、自治体職員だけではなく、多くの場所で語られるようになりました。そこで、1990年代中盤以降の地方分権推進諸施策を大まかに概観するとともに、そのなかで自治体法務がどのように発展しようとしてきたのかを振り返ってみます。

　ところで、自治体法務の重要性は、遅くとも1980年代後半から1990年代初頭にかけて、地方自治を重視する関係者には、共通の認識になっていました。公害防止条例制定の実践や、要綱行政の展開など、自治体法務の理論と実務は、自治体が日本の経済発展の後始末をするなかで蓄積されていったものです。このテキストでは扱いませんが、政策法務という言葉が、先端的な自治体法務をあらわす語として用いられるようになっていきます。

（イ）地方分権推進（第1次地方分権）

　地方分権推進法に基づく地方分権（第1次地方分権）の動きは、1995年に始まりました。1999年公布（2000年4月施行）の地方自治法大改正が、その最大の成果です。この改革は、第1章で述べたように、国と自治体の対等協力関係、法治主義の確立という基本的な考えから、従来の機関委任事務を廃止するといった事務の区分の見直しなどを行いました。機関委任事務の廃止だけでも関係者に

とっては、戦前からの国・地方観を転換する大きな制度改正でした。

また、この地方分権の施策は、条例制定権の拡大に寄与し、国と地方の関係の法治主義化を進めるという点で、自治体法務に発展の可能性をひらいたものでした。ただし、これらの施策が、自治体のまちづくりなどにおいて、具体的に意義のあるものであったかどうかについては、別途個別に評価をしなければなりません。

また、この第1次地方分権は、本来的な地方分権の第一歩を占めるにすぎません。関係者からも、「未完の分権改革」と呼ばれ、登山でいえばベースキャンプに到達したと表現されたものでした。当時には、この分権に続き、地方税財源の充実強化を図る第2次分権と、それに続く住民自治の拡充を図る等の地方制度改革を行う第3次分権が予定されていました。

こうした地方分権の基本的考え方は、その当初から大きく軌道修正を余儀なくされました。

もともと、第1次地方分権は、1990年代に進められていた規制緩和、中央省庁等再編、司法制度改革などのさまざまな改革のなかのひとつでした。ですから、第1次地方分権それ自体が、こうした他の諸改革の影響を受けています。たとえば、地方分権の担い手にふさわしい行財政能力を備えるために、自治体の行政改革が分権の施策に組み込まれました。また、行政効率化のために、きわめて積極的な市町村合併推進諸施策も地方分権の施策となりました。

（ウ）地方分権推進に対する壁

そして、2000年代に入ると、国・自治体双方の財政悪化・危機が訪れました。この結果、未完の分権改革第2幕として予定していた地方税財源の充実は、2004年から2006年にかけて行われた三位一体改革（地方税見直し、補助金削減、地方交付税削減を同時に行う

改革）に変容しました。

この三位一体改革により、地方税の充実よりも、地方交付税や補助金の先行削減が影響して、自治体（とくに小規模自治体）の財政危機が強まりました。地方交付税制度の各種見直しを通じて、非都市圏の地方の中小市町村は、半ば強制的な合併を受け入れるしか、まちづくりの展望が見出せなくなりました（平成の大合併）。2000年に入ったころから数年で、非大都市圏における市町村の数は、半分程度になりました。

また、第3幕の住民自治充実についても、地域自治区・地域協議会の制度（→38頁）が設けられましたが、住民自治の要素が乏しいしくみにとどまりました。今日では、その地域自治区でさえ、廃止が相次いでいます。大規模化した自治体では、住民と自治体との間の（さまざまな意味での）距離が開いています（自治体の中央省庁化）。また、首長のなかには、支持者に公務員給与の削減など耳触りのよい公約と選挙での当選を盾にして権限を独裁的に行使するスタイルで自治体を運営する人が出てきました。多数の住民の参加によってしごとをすすめるという住民自治の理念と実践は、色あせてきています。

（エ）地方分権推進から地方分権改革へ

三位一体改革に続き、第1次安倍晋三内閣時代に地方分権改革推進法（2006年〜2009年）が成立しました。同法に基づく改革は、（旧）民主党政権の時代にも引き継がれました。そして、2012年の自由民主党政権転換後も、手法を変えつつ、個々の法律上の事務について、自治体にこれを実施する役割とその責任を移す取組を継続させています。2011年から、毎年のように、題名（名称）が全く同じ「地域の自主性及び自立性を高めるための改革の推進を図るための関係

法律の整備に関する法律」が制定されています（「第○次一括法」と
呼ばれています）。同法による改革は、その初期に、すべての都道府県・
市町村に、政省令の枠内で、新たな条例整備などを義務づけるなど
しました。その結果、条例整備に用いる労力などで、自治体法務も
てんてこ舞いとなりました。改革内容には自治体法務の本領が試さ
れるものもありましたが、総じて自治体の組織や職員の能力や意識
が対応しきれませんでした。いわゆる**分権やらされ感**も、多くの自
治体現場・職員にひろまってしまいました。

（2）新しい中央集権改革の進行

（ア）地方消滅論と地方創生

2014 年以降、自由民主党・政府筋から、人口減少が進み約 900
の市町村が消滅する（その可能性がある）としたレポートが公にされ、
自治体を襲いました。この地方消滅論の勃興を受け、国は、人口減
少歯止めと、選択と集中による地域の改革をセットにした、地方創
生政策を打ち出しました。「まち・ひと・しごと創生法」による地
方創生施策です。この法律に基づいて、各自治体は、総合戦略を策
定しました。各地の戦略には、数値目標としての成果指標（人口減
少の抑制数など）が盛り込まれました。今後、成果指標の不達成に
より、自治体自身が国から責任を問われる場面があるでしょう。財
政措置・支援の削減などの制裁的措置が講じられることが予想され
ます。

地方創生に限らず、今後、国は、さまざまなアイデアを自治体の
発意であると競わせて、大多数の敗者には責任をとってもらう（財
政上の制裁など）、そうした政策が、広く展開されると考えられます。

終章　これからの自治体法務を担う人々へ

このように、あからさまではない、いわゆるソフトな中央集権が地方自治制度改革の基調となっていく可能性があります。

　なお、人口減少対策や地域の振興は、国が音頭を取らなくても自治体が取り組まなければならない重要な政策課題です。ですから、ここでは、地方創生政策にあらがうことを求めているのではありません。国が用意した地方創生の施策や事業を自らの自治体において上手に活用することは、当然に必要なことです。施策の先を見据えた備えをすることが、自治体に求められていることを強調しておきます。

（イ）沖縄にあらわれた地方自治の危機

　近年、アメリカ軍辺野古海上新基地建設をめぐる海上埋立てが、沖縄の地域と国（行政）の対立をもたらしました。この新基地建設は、沖縄の在日アメリカ軍基地の再編問題のひとつの対策といえます。そして、この再編問題は、日本の国内外のさまざまな問題とかかわりあいながらも、1995年に沖縄で起きた不幸な事件を直接的なきっかけとしています。第1次地方分権のための地方分権推進法が制定されたと同じ時に、沖縄の地方自治を問う政策的な課題が顕在化したといえます。

　ここで、この20年余りの期間の、国・沖縄県の取組などをひとつひとつ説明することはできません。しかし、この海上埋立ての事件では、必要があれば、国（関係各省庁）は全力を挙げて法的手段を存分に用いて、国策を地域に強要するという姿が、明確に映し出されました。沖縄の自治体にとって、この事件の結果は、地方自治の行く末を左右するものです。そして、辺野古事件の結論は、よかれあしかれ、日本の1990年代以降の地方分権の成否を総括するものになると考えられます。

256

1 地方分権の成果と自治体法務

辺野古の問題は、沖縄の自治体以外の都道府県・市町村には、他人事かもしれません。しかし、沖縄でみた最終的には法的手段を利用して国策が地域に強要されるという姿は、全国でみることになる可能性があります（大規模災害なども含めた憲法改革を含む緊急事態法制整備の議論などを参照）。

（3）これからの自治体法務はみなさんが展望する

（1）でみてきた施策や改革は、条例制定などの分野で自治体法務の重要性を高めたものでした。その経過や成果などについては、文献をひもといたり、職場の上司や先輩の昔話を聞いたりして、皆さんが検証してほしいと思います。また、（2）の事象は、まだ、（沖縄を除けば、）自治体法務に直結していないかもしれません。しかし、自治体の公共性（地域の存在意義）を賭けた最後の場面が司法の場にあることを、法治主義や法務を強調するこのテキストでは、大事なことと考えています。また、このテキストでは、自治体のしごとは、見方によってはすべて法務という立場（→50頁）をとっています。よって、いま地方自治をめぐって起きていることが、自治体法務にどのような影響を及ぼすのか、読者の皆さんが先取りして考えてほしいと思います。

終章　これからの自治体法務を担う人々へ

2　自治体職場の変容

（1）正職員の減少と非正規職員等の激増

　1990年代の地方分権以降、自治体の職場環境は、激変しました。とくに市町村における、いわゆる**正職員の減少と、非正規職員や非公務員**（→259頁）**の激増**を指摘できます。これは、地方行政改革の一環としての正職員削減（人件費削減）の結果ですから、これも第1次地方分権以降の分権および分権改革の帰結といえます。なお、ここで非正規職員とは、地方公務員法上の、一般的な事務に従事する非常勤職員（地方公務員法3Ⅲ③、17）や臨時的任用職員（地公22）のことをいいます。

　今日の自治体は全職員の3分の1以上が非正規職員で構成されていることが、国の調査などから明らかになっています。とくに中小規模市町村では職員の4割を超える数が非正規職員で構成されています（7割が非正規職員という町村もあります）。

　このテキストでは、政策の企画や立案などよりも具体的な現場のしごとにかかわることを多く書きました。その点で、このテキストの内容を体得することは、正職員は当然ですが、非正規職員の方にも同様に求められます。正職員と比べたときの勤務条件の著しい格差を考えたとき、この要求が酷ではないかという指摘はあるでしょう。しかし、**住民にとっては、正職員と非正規職員の区別は、関係ありません**。また、自治体活動を統制する法規範は、これを担う人の勤務条件がどのようなものであれ、同じ内容で、自治体組織にも住民にも適用されます。非正規職員が、憲法を遵守しなくともよい

258

とか、法治主義の考え方や行政手続法を知らなくてよいということにはなりません。

　もちろん、非正規職員の方が勤務条件に不相応な責任を自治体当局からもたされることは、不合理不適切です。非正規職員が至らなかったことの責任の多くは、その管理監督的役割をもつ正職員が（少なくとも連帯して）負うと、われわれ編者は考えます。

　ほかにも、労働者派遣契約その他の（いわゆる偽装請負が疑われる）契約を通じて、地方公務員の身分をもたない人（非公務員）が、自治体の業務を、職員と一体となって担っている例も、多々指摘されています。また、地方独立行政法人（→127頁）のように、その担う活動は行政活動そのものであるのに、その職員は、原則として公務員の身分をもたない（一般地方独立行政法人等の場合）、そのような形態のしくみもみられます。

　このような自治体職場の現状を考え、この新訂版のテキストでは、正職員にかんする制度を中心に記述する旧版で載せていた地方公務員についての章を、削除しました。

（2）職員の勤務条件等に対する多種多様な法規律

　さしあたり自治体職場で働く正職員と非正規職員を念頭において述べます。自治体職員に適用されている勤務条件関係法制は、地方公務員法制上の公務員の種類ごとに大きな違いがあります。地方公務員法と同法によって修正された労働法制の体系をイメージして自治体職員の勤務法制を一律平面的に理解するのは、適切ではありません。その際に適用される法律については、地方公務員法（その特別法を含む）と労働関係法律をみるのでは足りません。たとえば、

終章　これからの自治体法務を担う人々へ

非常勤特別職の職員は、地方公務員法の守秘義務規定とその罰則（地公34、60②）が適用されません。しかし、その従事する業務によっては個別法の守秘義務と罰則が適用されることがあります（住民基本台帳法35、44）。

また、正職員の方は、とくに非正規職員の人が、身分保障の面でも、給与・賃金その他の勤務条件の面でも正職員に比べ著しく劣ることに心してほしいと思います。非正規職員の方と同内容のしごとしかできないのに、正職員が破格の扱いを受けることには、合理的な説明がつきません。

なお、全体の奉仕者であることを理由に職員の生活や人権をないがしろにするような人事行政を展開すること、また、それを地域住民が期待することも、不適切です。そのような人としての扱いを受けていない職員が、まともな人権感覚をもってしごとにあたることはできないと、われわれ編者は考えます。

（3）自治体職員の責任

地方分権は、自治体に権限と責任をより大きくもたせるものですから、不適切な活動結果の責任は、自治体組織だけではなく、職員にもとってもらうことになります。

正職員、非正規職員を問わず、職員が違法な行為をしたときは、法的責任も問われます。この法的責任は、行政上の責任、刑事上の責任、民事上の責任に分かれます。

行政上の責任はその職員に対する懲戒処分や雇用期間の不更新（雇止め）などを受けることにより、刑事上の責任は前出の守秘義務違反罪のような刑事罰を受けることにより、果たしてもらいます。

260

さらに、職員は、違法な職務執行で自治体に損失を与えたときには、損失分を賠償するという形で、民事上の責任もとることになります。もっとも、国家賠償法による求償（→ 232 頁）は、ほとんど行われていません。ほかに、首長や地方公営企業の管理者による賠償命令制度（地方自治法 243 の 2、地方公営企業法 34。→ 232 頁）がありますが、監査委員が職員の責任をあまり認めないので、ほぼ機能していません。住民による職員への責任追及方法として有意義な役割を果たしているのは、違法な行為をした職員に対して損害賠償請求をするよう義務づけることを、自治体に求める住民監査請求・住民訴訟（→ 239 頁）が、唯一のものになってしまっています。

　職員にとっては、適法かつ妥当に職務（しごと）を進めていれば、これらの責任を問われることはありません。仮に責任追及の場に立つことがあったとしても、身に覚えがなければ、堂々と自分のとったことを述べ、自己の考えを主張してください。住民訴訟で職員の責任が認められる判決は、請求内容の全部ではなく一部の責任が認められたものを含めても、住民訴訟の 1 割ほどにすぎません（〔コラム 31〕→ 262 頁）。

3　これからの自治体法務を担う人々の姿勢

　自治体法務をより進めるための法制度は、この 20 年間で大きく整備され、それにこたえるよう、自治体の組織も関係者も、努力をしてきました。しかし、経済・財政の悪化や少子高齢化の進行により、自治体を取り巻く諸環境は、著しく厳しくなってきました。自治体の組織は、こうした厳しさのなかで、職員の削減・非正規化、委託化の推進により、大きく細っています。財政が厳しい現状で、情報

終章　これからの自治体法務を担う人々へ

通信環境の整備などによりしごとの仕方を改めても、国から求められる新たなしごとに、多くの地域は青息吐息の状況になってきているのではないでしょうか。自治体法務を担う人々には、こうした作業的な業務の拡大のなかでの創造的な政策の立案と実施、そして、もしかしたら国策との対峙という、大きな試練が待っているかもしれません。

　そうした状況でも、地域が住民の福祉を向上させていくためには、住民・職員がともに、法的な考え方の下、理詰めで、かつ、専門的・科学的に、政策を進めるスタイルを確立し、各自がそのための能力を身につけなければなりません。より一層の自主的な研修・研究が必要です。

　ただし、こうした法務知識や専門知識を自分のものにすることは、法や専門知識に自分自身が使われてしまう（振り回されてしまう）ことを意味するものではありません。法を駆使できるということと、豊かな法の知識におぼれて、いわば法だけをみて法の奴隷になるこ

〔コラム 31〕住民訴訟制度の改革

　現在、自治体首長らによる政治運動が奏功し、住民訴訟の職員に対する損害賠償請求の義務づけを求める訴えについて、「改革」が進められようとしています。職員の違法行為が軽過失（職務上の注意義務の怠りが軽微なもの）によるときには賠償責任を免除したり、巨額の損失を自治体に与えていたとしても職員の賠償額に上限を設けたりするものです。国家賠償の求償について、職員が軽過失の場合が除かれていることから、それとバランスが取れるなど、専門的な研究者でもこの改革案を認める人がいます。職員にとっても朗報・福音となる改革でしょう。しかし、この制度改革について、責任逃れを本音とし、機能していない国家賠償の求償制度にあわせるという理由を示しただけで、この改革を正当化することは、できないでしょう。

262

とは違います。

　そのようなことにならないよう、職員は、ひとりの住民として、住民とともに学び、協力しながら、地域の行政課題（問題）を解決していくという姿勢を、もたなければなりません。このテキストが法務の重要性を強調しているのは、**職員の活動の基礎に、「（人権を守るための）法に基づく行政」があるからです**。自ら考えることなく、国の指導や前例に従っているだけでは、真の意味の地方創生など不可能でしょう。そして、法に基づく行政の先には、主権者である住民の、住民による、住民のための行政・地方自治があります。このことを忘れることなく、日々の業務につとめ、自主的な研修・研究を通じて能力を高めていってほしいと、われわれ編者は考えます。

【付録】
創造的な情報収集に向けて

【付録】 創造的な情報収集に向けて

1 　法令を調べる

　自治体の職員は、しごとを進めていくうちに、今まで経験したことのない法的な問題に出合ったり、よくわからない法律を調べなければならなくなったりする機会が必ずあります。そのようなときに役立つのではないかということを、ここで少し紹介します。

　まず、『六法』にない法律や政省令などを調べる必要があるときは、『現行日本法規』（ぎょうせい）や『現行法規総覧』（第一法規）を利用します。これらは、現行（現在施行中）のすべての法律、政省令や告示などを収録しています。

　インターネットが普及した今日では、ウェブ上に掲載された法令を利用することで、より素早く、簡便に法令を調べることができます。なお、以下のウェブサイトの最終確認日時は、2016 年 7 月 1 日です。

　まず、国の法律・政省令等については、総務省の「法令データ提供システム」が、広く活用されています。
・総務省「法令データ提供システム」
　http://law.e-gov.go.jp/cgi-bin/idxsearch.cgi

　調べたい法律が廃止されている場合などには、国立国会図書館の「日本・法令資料」「日本法令索引」にアクセスします。法令データ提供システムで検索した法令については、その改正履歴にかんして「日本法令索引」へのリンクがはられています。
・国立国会図書館「日本・法令資料」
　http://rnavi.ndl.go.jp/politics/entry/Japan-horei.php

266

・国立国会図書館「日本法令索引」

  http://hourei.ndl.go.jp/SearchSys/index.jsp

　法令の改正履歴などについてもわかりやすいものとして一部有料ですが、民間の「法庫」も便利です。

・「法庫」

  http://www.houko.com/

　このほかにも、有料の法令データのシステムがあり、ある特定の年月日時点で施行されている法令の内容を表示できるなど、無料のシステムより利便性の高いサービスが提供されています。

　自治立法を調べる必要があるときは、各自治体の例規集（→ 79 頁）を利用します。ここでもインターネットを使って全国の自治体の例規集をみることができます。次の２つが、利用しやすいでしょう。

・（一財）地方自治研究機構・法制執務支援システム

  http://hosei.rilg.or.jp/htdocs/hosei/index.html

・第一法規・全国地方自治体リンク

  http://www.daiichihoki.co.jp/jichi/47link/

　いずれにせよ、インターネット上のデータは、更新が実際の法令、条例の制定改廃より少し（ところによっては、かなり）遅いので、最新の改正等がないか、官報（→ 72 頁）や公報（→ 72 頁）で確認をしてください。

【付録】 創造的な情報収集に向けて

2　法令の条文を解釈する

（1）注釈書（コンメンタール）で調べる

　法令をみつけたら、条文の解釈が待っています。その手がかりになるのが、条文ごとに解説を加えた注釈書（コンメンタール）です。

　憲法、民法などの法律については、大学等で「法」を専門的に研究している教員（以下「研究者」といいます。）が、注釈書を数多く著しています。しかし、自治体や国の行政機関の活動にかかわる法律について研究者が書いた注釈書はほとんどありません。法律の注釈書は、仮にあったとしても、その法律を所管する国の省庁等の関係者（以下「行政実務家」といいます。）があらわすものが大半です。

　注釈書は、とりあえず参照するときには重宝します。しかし、その本質は、マニュアル（→75頁）と同じです。とくに、行政実務家が執筆する注釈書は、肝心の部分については、（組織内で見解を統一できないなどのために）書いてないことが多くあります。ですから、ひとつの注釈書だけで事足りることはまずありません。地方自治法、地方公務員法、行政手続法、情報公開法など自治体活動にとって重要な基本的法律については、研究者も注釈書を出しています。このような場合には、職員は、行政実務家と研究者の注釈書をそれぞれ読み比べて、妥当な法の解釈を導き出さなければなりません。

（2）判例を調べる

　判例の重要性については、第2章1で触れました（→59頁）。そ

268

の具体的な読み方についてはスペースの関係で省略し、ここでは、判例をどうやって手元に集めるのか説明します。判例の読み方については、是非、後出の参考文献にあたってください。

　まず、最高裁判所が編纂したいわば公式判例集があります。これには、『最高裁判所判例集』、『高等裁判所判例集』などがあります。最高裁判所のホームページでは、判例を検索し、閲覧することができます。特に、新聞などで大きく取り上げられる最高裁の判決などは、最高裁ホームページで登載されていますので、簡単にアクセスすることができます。URL は次のとおりです。ただし、データの入力ミスが結構あって正しい判決年月日から判例が検索できなかったり、元号でしか検索できなかったり、当事者の表示が匿名となっていたり、上告人の上告理由が付されていなかったりと、公式の判例集と比べ、不便なものです。

・裁判所のホームページ

　http://www.courts.go.jp/

　また、主に国の行政機関がかかわった訴訟については、『訟務月報』という雑誌に収録されますが、そのデータベース化も進んでいます。

・訟務重要判例集データベースシステム

　http://www.shoumudatabase.moj.go.jp/search/html/shoumu/general/menu_general.html

　つぎに、判例雑誌があります。『判例時報』（判例時報社）、『判例タイムズ』（判例タイムズ社）、『判例地方自治』（ぎょうせい）などがあります。

　探したい判例をみつけ出すには、『判例体系』（第一法規）など、法の分野や条文ごとに関係判例を収録した加除式の判例要旨・要約

【付録】　創造的な情報収集に向けて

集が便利です。判例はひとつ調べて終わりではなく、同じような
テーマでどのような判決が出ているかを調べなければならないから
です。ただし、判例要旨だけでは判例を正しく理解できません。裁
判では、事実認定が重要です（→86頁）。認定された事実に対して
裁判所がどのように法を解釈適用したかを、判決全文をみて確認し
なければなりません。

　なお、判例については、次のようにオンラインで利用できるデー
タベースも普及してきました。いずれも有償です。

・判例マスター

　　http://www.e-hoki.com/main/main.php?act=cm_exp

・TKC

　　http://www.tkclex.ne.jp/index.html

・EOC

　　http://www.eoc.ne.jp/hhjp/index.html

・ウエストロー・ジャパン

　　http://www.westlawjapan.com/

（3）学説・文献（研究論文）を調べる

　法の解釈や法的制度の設計については、研究者も、学問上の研究
として行っています。その研究成果を「学説」と呼んでおきます。
学説のなかには、実際の政策の立案実施（法的制度の設計・法の解釈）
にとって有用なものも多々あります。ただ、学説といっても、具体
的に何を読めばよいのかは難しいところです。法の解釈では、よく
「通説」ということがありますが、一体何が通説なのか、そもそも
通説に従っておけばよいのか悩む場面も実務では数多く生じます。

270

「法」関係の文献データベースとして、『法律判例文献情報』（第一法規）があります。

　また、近年では、大学の紀要などに掲載された専門的な論文が無料ないし低額な料金でダウンロードすることができるようになりました。都市部にない自治体でも、資料が手に入らないから深い検討はできないといった主張は、通用しにくくなっています。

・国立情報学研究所 NII 論文情報ナビゲータ「サイニイ」

　http://ci.nii.ac.jp/

・各大学の学術機関リポジトリ一覧

　http://www.nii.ac.jp/irp/list/

　戦前の古典的な重要文献についても、一部インターネットでみることができるようになっています。

・国立国会図書館・デジタルコレクション

　http://dl.ndl.go.jp/

（4）自治体職員は責任をもって法解釈を

　第 1 次地方分権以降、自治体における法の自主解釈権（→ 41 頁）がますます重要になっています。自治体職員は、まず、このことをしっかりと自覚しなければなりません。

　法の解釈は、どこかにあるものを探し出してきて当てはめてすむものではなく、実践するものです。注釈書も判例も学説も、あくまで、よりよい法の解釈のための参考書・マニュアルでしかありません。判例などにも、実務で直面する問題と完全に一致する事例はありません。ですから、判例が妥当なのか、ひとりの研究者の学説に従ってよいのか、自分の頭で考えて法を解釈しなければなりません。

【付録】　創造的な情報収集に向けて

とくに、その解釈の結果生じることについて想像を巡らせること（法的なシミュレーションを行うこと）が大事です。いろいろ考えた結果、国が示す通達と同じ結論に至ることもあるでしょう。しかし、そうであっても、自治体による法の自主解釈となり、主体的な判断となるのです。「判例がこうだから」「行政実例にそう書いてあるから」ということだけを根拠にした説明は、裁判では全く通用しません。それどころか、こうした姿勢は、住民からは、法の自主解釈義務の放棄と評価されます。

3　情報をどうやって入手するか

　つぎに、インターネットで入手できない文献や情報をどのように入手するのかですが、まず、自分の所属する組織（課・係）にどのような文献があるのかを調べてください。自分の課・係にないものでも、他の課・係に所蔵されていることがあります。また、議会には議員の調査研究のために図書室があります（地方自治法100ⅩⅨ）。この図書室は執行機関の職員や住民も使える場合があります（自治100ⅩⅩ）ので、大規模な図書室のある自治体では、議会の事務局に問い合わせるのもよいでしょう。

　このように調べてもない場合は、図書館を利用します。最終的には、国立国会図書館に文献調査を依頼することもできます。
・国立国会図書館「国立国会図書館蔵書検索・申込システム」
　https://ndlopac.ndl.go.jp/
　もっとも、まずは最寄りの図書館に相談してください。
　なお、法令などの法律関係の文献収集について、指宿信＝齊藤正彰監修、いしかわまりこほか著『リーガル・リサーチ（第5版）』（日

本評論社、2016 年）があり、大変便利です。

4　情報は発信する人に集まる

　ここ数十年の社会の IT 化には、めざましいものがあります。インターネットのウェブサイトにアクセスすれば、家にいながらにして、多くの有益な情報を手にすることができます。

　また、電子メールをはじめとして、インターネット上で情報のやりとりをするシステムは、さまざまな形で発達しています。さらに、情報の収集だけでなく、情報の発信や意見の交換などが簡単に行えるような、ブログ（ウェブログ）、ツイッター、フェイスブックなども、多くの人に、最近では活用されています。

　これら IT を十分に活用する際に重要なことは、情報を得たいと思ったらまず自ら発信するということです。情報を発信することで、発信者は多くの人に覚えられ、その結果多くの人から情報を得ることができます。

　情報は、一人で抱え込んでいてはすぐに古くなり使い物にならなくなります。情報が情報を呼び、これによってその価値が高まっていくのです。これは、本書を作る過程でわれわれ編者が実感したことでもあります。本書が、自治体法務になにがしかの価値をもっているならば、それは、こうした情報のやりとりによって生まれたものだといえます。そこで、自らが主体的に考えつつ、他人と議論し共同して研究すること（情報のやりとり、共有化）の重要性を改めて指摘しておきます。

索　引

アルファベット

NGO
(Non Governmental Organization)
……………………………… 124
NPO（Nonprofit Organization/Not-
for-Profit Organization）…… 124
PFI（Private Finance Initiative）
……………………………… 127
Plan-Do-See …… 46,171,173,224
Public Relations ……………… 137

あ行

アカウンタビリティ（説明責任）
………… 18,138,143,155,188,190
アセスメント………………… 177
あたらしい憲法のはなし……… 25
アプリケーション・ソフト… 138
アメリカ軍辺野古海上新基地建設
……………………………… 256
委員会制度…………………… 111
異議の申出…………………… 221
「いきる」…………………… 117
意見公募手続………………… 193
意思形成過程情報……… 151,156
一体性（組織編成）…… 101,108
一般競争入札………………… 195
一般財団法人………………… 123
一般社団法人………………… 123
一般法………………………… 80
違法…… 35,79,219,225,226,230

違法と不当…………………… 222
宇治市個人情報流出事件…… 134
エストッペル（estoppel）…… 77
おおやけにする………… 184,186
公の営造物…………………… 231
公の施設………………… 34,231
「公の施設」の指定管理者 … 127
沖縄県宜野座村工場誘致事件
……………………………… 176
沖縄の地方自治……………… 256
オンブズマン（オンブズパーソン、
オンブズ）………………… 214
オンブズマンの機能………… 215

か行

会議体（合議制機関）の意思決定
……………………………… 143
海区漁業調整委員会………… 113
会計管理者…………………… 109
外国人………………27,28,239
開示請求（自己情報の）…… 160
解職請求（リコール）……… 240
開発許可……………………… 178
開発指導要綱………… 74,179
外部委託化…………………… 126
外部監査人……………… 113,239
学説………………………… 270
拡張解釈……………………… 91
学理的解釈…………………… 90
過失………………………… 230
合併特例区…………………… 39

科料……………………………… 248
過料…………………… 67,247,248
簡易迅速な救済手段………… 221
環境影響評価（環境アセスメント）
………………………………… 87,177
環境影響評価法……………… 177
環境権………………………… 33
監査委員………………… 112,239
監視…………………………… 200
慣習………………………59,72
慣習法………………………… 59
間接強制……………………… 242
官報……………………… 72,267
官民競争入札………………… 128
関与……………………………41,43
起案…………………………… 142
議案……………………………47,48
議会…………………………… 47
議会基本条例………………… 66
議会事務局……………………47,48
議会制民主主義……………… 52
議会と長の関係……………… 49
機関委任事務…………44,96,252
機関訴訟……………………… 226
企業管理規程………………… 73
議決……………… 47,231,232,236
議事機関……………………… 47
技術的な助言・勧告………… 97
規制措置発動請求権………… 241
規則……………………………67,68
規程…………………………… 73
規範…………………………… 56
基本構想・総合計画……… 71,175
基本的人権……………………26,33
義務づけの訴え………… 226,241

客観的な不服………………… 207
求償……………………… 232,261
教育委員会…………………… 111
教育長………………………… 112
教育を受ける権利…………… 33
協議会………………………… 119
強行法………………………… 81
教示……………………… 185,188
行政委員会…………………… 111
行政委員会規則…………… 68,113
行政活動請求権……………… 240
行政活動の法的根拠………… 61
行政機関の保有する情報の公開に
関する法律（行政機関情報公開法）
………………………………… 137,149
行政協定……………………… 196
行政計画……………………… 174
行政サービスの拒否………… 247
行政財産……………………… 231
行政事件……………………… 225
行政事件訴訟………………… 218
行政事件訴訟制度……… 225,228
行政事件訴訟法……………… 225
行政実例……………………… 75
行政指導…… 50,74,180,199,241
行政指導指針…………… 189,193
行政指導とは何か…………… 180
行政指導に応じさせるための公表
………………………………… 249
行政指導に逃避する………… 242
行政指導の基本原則………… 189
行政指導の実施の求め……… 190
行政指導の中止などの求め… 190
行政指導の手続……………… 189
行政上の義務………………… 241

行政上の強制徴収……………… 243
行政上の秩序罰…………… 67,247
行政情報………………………… 132
行政情報にアクセスする権利
………………………… 34,136,137
行政情報の管理（行政情報管理）
………………………………… 134
行政情報の「公開」………… 153
行政情報の非文書化………… 143
行政処分………………… 180,218
行政処分と似た言葉………… 181
行政処分とは何か…………… 180
行政処分の求め……………… 188
行政争訟制度……… 218,228,234
行政代執行→代執行
行政代執行法………………… 245
行政対象暴力……… 206,213,233
行政庁………………… 180,219
行政調査………………………… 197
行政調査請求権……………… 240
行政庁の処分………………… 180
行政手続………………………… 170
行政手続条例………………… 182
行政手続等における情報通信の技
術の利用に関する法律（行政手続
オンライン化法）………… 147
行政手続等における特定の個人を
識別するための番号の利用等に関
する法律→番号法（マイナンバー
法）……………………… 163
行政手続法……………… 171,182
行政手続法の適用関係……… 191
行政罰………………… 246,247
行政評価………………………… 177
行政不服審査会……… 223,225

行政不服審査法………… 172,218
行政不服申立て（不服申立て）218
行政法…………………………… 50
強制履行………………… 194,244
行政立法（国の行政立法）
………………………………… 70,193
競争の導入による公共サービスの
改革に関する法律（公共サービス
改革法）……………………… 128
共同設置（機関等の）……… 119
許認可等………………………… 183
緊急事態法制………………… 257
金銭上の義務（金銭支払義務）
………………………………… 243
禁反言の法理………………… 77
「区」（行政区）……………… 37
苦情対応………………………… 208
苦情対応の基本原則………… 210
苦情の記録化………………… 213
苦情のデータベース化……… 214
苦情申立権……………………… 35
具体的社会保障請求権……… 33
国と自治体の関係（対等協力関係）
………………………………… 32,252
国と地方の協議の場……… 41,121
国などによる代執行等（関与）
………………………………… 98
訓令…………………………72,74
経過措置………………………… 83
計画に基づく行政…………… 175
刑事事件………………………… 50
刑事罰………………… 67,198,246
系統性（組織編成）…… 101,108
競売……………………………… 243
契約……………………………… 194

276

索 引

契約自由の原則……………… 195
「契約」手法 ………………… 194
契約書…………………………… 194
契約による行政サービス…… 195
決裁……………………………… 142
決裁権者………… 142,185,188
権限（自治体の権限）
………………… 33,35,37,39,52
検察官…………………………… 246
憲法→日本国憲法
権利の救済…………………… 228
権利能力………………………… 40
権利（権限）濫用の禁止の原則
……………………………………… 77
故意……………………………… 230
公安委員会…………………… 113
行為規範………………………… 58
広域連合………………………… 68
公益通報（制度）……… 133,215
公益通報者保護法…………… 133
公害苦情相談員……………… 210
（公）会計制度改革………… 155
公害防止協定………………… 196
公害防止条例………………… 252
合議制…………………………… 111
公共サービス改革…………… 128
公共サービス基本法………… 130
公権力の行使………… 227,229
公告式条例……………………… 72
抗告訴訟……………………… 226
公示送達……………………… 145
口頭意見陳述の機会………… 222
口頭による弁明手続………… 187
公表……………………………… 248
公布（法の公布）……………… 72

幸福追求権…………………… 159
公文書館……………………… 146
公文書等の管理に関する法律（公
文書管理法）………………… 140
公平委員会…………………… 112
広報……………………………… 137
公報………………………… 72,267
公務員の告発義務（告発義務）
………………………… 201,240
公務の市場化………………… 129
告示……………………………… 71
国勢調査……………………… 197
告発……………… 201,240,246
国民主権………………26,52,136
国務請求権…………………… 136
国立国会図書館……………… 272
個人情報の保護に関する法律（個
人情報保護法）………… 160,162
個人情報保護条例……… 160,161
個人番号………………… 163,164
国家賠償法…………………… 229
国権の最高機関………………32,64
固定資産評価審査委員会…… 113
個別分野のオンブズマン…… 215

さ行

再議……………………………… 49
罪刑法定主義…………………… 65
裁決の取消しの訴え………… 226
最高規範………………………… 63
財産区…………………………… 39
再審査請求…………… 219,220
再調査請求…………………… 219
裁定の申請…………………… 221

277

最適手続選択の原則（苦情対応）
………………………… 211
サイニイ…………… 271
裁判外紛争解決手続の利用の促進
に関する法律………………… 236
裁判規範………………………… 58
裁判沙汰………………………… 53
裁判所の役割…………………… 33
裁判を受ける権利　35,53,211,225
財務会計上の行為…………… 239
債務不履行に基づく賠償責任
………………………… 232
裁量……………………… 78,222
裁量権の濫用…………………… 78
作為義務……………… 244,245
差止めの訴え………………… 226
参加権…………………………… 34
三位一体改革………… 253,254
市………………………………… 36
施行（法の施行）……………… 72
施行期日…………………83,84
自己情報開示請求制度……… 161
自己情報コントロール権…… 159
資産…………………………… 19
事実認定……… 86,88,197,270
支出負担行為………………… 195
自主的な研修・研究…… 262,263
自主的な法解釈・法適用権（法の
自主解釈権）…………… 41,271
市場化テスト………………… 128
私人……… 87,170,194,234,235
自然人…………………………… 27
自然法…………………………… 80
自治会………………………… 121
自治基本条例…………65,66,173

自治行政権………………… 39,41
自治財政権………………… 39,40
自治事務…………42,97,219
自治人事権…………………… 40
自治組織権………………… 39,40
自治体………………………… 36
自治体オンブズマン………… 214
自治体オンブズマンの苦情対応方
法………………………… 217
自治体オンブズマンの特徴… 216
自治体が処理する事務（自治体の
しごと）………………… 42
自治体間の条例の関係……… 68
自治体職員の宣誓…………… 25
自治体と国の役割分担……… 44
自治体の公共性（存在理由）
………………… 33,211,257
自治体の国政参加権…… 39,41,98
自治体の中央省庁化………… 254
自治体の長（首長）……16,48,108
自治体の連合組織…………… 119
自治体法務………… 50,252
自治立法……………………… 65
自治立法権………………… 39,40
市町村の合併………………… 38
執行機関……………………… 48
執行機関多元主義…………… 111
執行罰………………………… 246
執行不停止の原則…………… 224
実施機関（情報公開）……… 150
実体法………………………… 81
実定法………………………… 80
質問権………………………… 223
質問検査……………………… 200
指定確認検査機関…………… 126

278

索引

指定都市…………………… 33
（私的）諮問機関 ……… 114,216
指導要綱…………………… 74
児童養護施設暴行事件……… 125
事物の本性………………… 59
市民オンブズマン………… 214
事務………………………35,42
事務事業評価……………… 177
事務の委託………………… 119
事務の代替執行…………… 119
事務配分の市町村優位の原則… 69
社会規範…………………… 56
社会権……………………… 136
社会福祉協議会…………… 122
社会福祉法人……………… 122
自由権……………………… 136
住基4情報………………… 161
住所………………………… 28
住民…………………… 27,239
住民監査請求………… 239,261
住民基本台帳……………… 28
住民基本台帳ネットワークシステ
ム………………………… 162
住民参加…………………… 172
住民参加条例……………… 173
住民自治…………… 31,156
住民訴訟………… 226,239,261
住民訴訟制度の改革………… 262
住民投票条例……………… 173
住民投票制度……………… 173
「住民との協働」論 ………… 129
住民の声…………………… 204
収用委員会………………… 113
主観的な不服……………… 207
縮小解釈…………………… 91

主権者
……… 30,31,66,130,135,148,263
主宰者……………………… 187
取得（公文書の取得）……… 141
守秘義務→秘密を守る義務
受理………………………… 184
証拠調べ…………………… 87
情報公開条例………… 137,161
情報公開請求……………… 149
情報公開制度……………… 149
消防長……………………… 110
情報の共有………………… 148
訟務検事…………………… 43
条約………………………… 69
条理………………………59,235
省令………………………… 70
条例………………………… 65
条例制定権………………… 253
職員の派遣………………… 119
職権で利益を与える処分…… 183
処分→行政処分
処分基準…………… 186,193
処分庁……………………… 219
処分取消しの訴え…………… 226
処理基準（法定受託事務）
…………………………97,98
知る権利…………………… 135
信義誠実の原則（信義則）…… 76
審査開始義務……………… 185
審査基準…………… 184,193
審査請求………… 151,160,219
審査請求前置主義…………… 219
審査庁……………………… 219
人事委員会………………… 112
申請に対する処分…………… 183

279

申請に対する（行政）処分の手続
………………………… 183
信託………………………… 16,26
審理員………………………… 222
生活の本拠………………………… 28
生活保護……… 86,88,93,183,198,
218,220,225,230
生活保護の実施機関… 86,183,198
請願………………………… 211
政策提案制度………………… 173
政策の立案・執行システム
…………………………45,46
政策評価………………… 177
政策法務………………… 252
正式の解決手続………… 207,218
正式の苦情対応手続………… 209
誠実対応の原則（苦情対応）
………………………… 211
正職員……………… 258,259,260
生存権………………………… 33
制定法………………………… 58
正当な補償………………… 234
成文法………………………… 58
政令………………………… 70
是正請求手続制度………… 210
是正の指示（関与）………… 98
説明責任→アカウンタビリティ
選挙管理委員会………………… 112
専決権………………………… 142
全国的連合組織………………… 41
宣誓書…………………………24,25
全体の奉仕者……… 24,25,27,260
前文…………………………26,82
総合オンブズマン………… 215
総合行政………………… 118

総合区………………………… 37
総合区長………………………… 37
総合賠償補償保険制度……… 233
送達………………… 144,185,188
即時強制（即時執行）………… 246
組織規範………………………… 58
組織共用文書………… 156,158
組織図………………… 100
ソフトな中央集権………… 256
損害賠償責任（賠償責任）… 229
損失補償………………… 233
損失補償契約………………… 234

た行

第1号法定受託事務………… 42
第1次地方分権 18,44,97,252,253
第三者による監視請求権…… 200
第三セクター………… 123,234
第三セクターの損失補償…… 124
代執行（行政代執行）… 199,245
貸借対照表………………… 155
代替的作為義務………… 245
大都市特別区設置法………… 40
第2号法定受託事務………… 43
大日本帝国憲法（明治憲法）… 29
滞納処分………………… 243
代表民主制………………… 52
宝塚市パチンコ店等規制条例事件
………………………… 245
多治見市是正請求手続条例… 210
「タテワリ」行政 ………… 115
たらい回し………………… 116
団体自治………………… 31
団体自治権………………… 39

団体事務	44,96	電子行政情報	138
弾力性	101	電子行政情報の安全性の確保	147
地域協議会	38,254	東京都清掃工場事件	180
地域自治区	38,254	当事者訴訟	226
地域における事務	42	同時履行の抗弁権	248
地域福祉	122	到達（文書の到達）	141,184,
地方公営企業	110		185,188
地方公営企業の管理者	110	当不当	87
地方公共団体	35	都営住宅事件	195
地方公共団体の組合	39,119	徳島市公安条例事件	67
地方公務員法	258,259	督促	243
地方財政審議会	120	特定個人情報	164
地方自治の本旨	31,68	特定非営利活動促進法	124
地方消滅論	255	特別区	35,36,39
地方創生	255	特別区長事件	40
地方独立行政法人	127,259	特別地方公共団体	35,39
地方分権	17	特別法	80
地方分権改革推進法	254	特別法による情報公開制度	158
地方分権推進法	252	特別法優先の原則	81
地方六団体	120	匿名加工情報	162
中核市	36	図書室（議会の図書室）	272
注釈書	93,268	土地収用	227
町（ちょう）	36	都道府県	39
懲戒処分	78,260	都道府県条例による事務処理の特	
町内会	121	例制度	68,179
聴聞	186	届出	182,192
聴聞の手続	187	届出の手続	192
直接強制	246	取扱いの是正請求（自己情報の）	
直接請求権	34		160
通常有すべき安全性	231	奴隷的苦役の禁止	244
通達	72,96		
訂正請求（自己情報の）	160	**な行**	
適正な手続の請求権	34		
適法・違法	87	内閣府令	70
手続法	81	内水面漁場管理委員会	113

ニセコ町の情報公開条例……　158
ニセコ町の
「まちづくり基本条例」…………　66
日本国憲法（憲法）……　25,26,52,
　　　　　　　　　　　　　63,64
日本国民（国民）……………　27
任意規定………………………　194
任意法……………………………　81
農業委員会………………………　113

は行

賠償責任→損害賠償責任
賠償命令………………………　232,261
パブリック・コメント……　98,173,
　　　　　　　　　　　　　192,193
パブリシテイ…………………　152
バランスシート→貸借対照表
番号法…………………………　163
反対解釈………………………　91
判例………………　21,59,268,271
非金銭上の義務…………　243,244
非公務員………………………　258,259
非常勤職員……………………　258
非常勤特別職の職員…………　260
非正規職員………　258,259,260
非正式の解決手続……………　207
非政府組織……………………　124
非代替的作為義務……………　245
秘密を守る義務（守秘義務）
………………………………　198,260
表現の自由………………　33,135
標準処理期間…………………　184
標準審理期間…………………　224
平等原則………　76,94,154,206

平等対応の原則（苦情対応）
………………………………　212
比例原則……………　77,78,94,250
フィードバック………………　20,46
福岡県福津市産業廃棄物最終処分
場使用差止請求事件…………　196
複式簿記………………………　155
福祉サービス苦情調整委員（中野
区）……………………………　215
福祉サービスをやめる場合の説明
………………………………　186
副市町村長……………………　109
副知事…………………………　109
不作為…………………………　219
不作為義務……………………　245
不作為庁………………………　219
不作為の違法確認の訴え
………………………………　226,241
附則……………………………　81
附属機関………………………　114,216
復興庁令………………………　71
普通地方公共団体……………　35
不当……………　35,219,221
不服申立て→行政不服申立て
不服申立権……………………　35
不服申立前置主義……………　219
不服申立ての種類……………　219
不文法…………………………　58
不法行為………………………　229
「府民簡易監査」制度（京都府）
………………………………　215
プライバシー…………………　159
不利益処分……………　183,199
不利益処分の手続……………　186
分権やらされ感………………　255

索　引

文書管理……………………　139
文書管理条例………………　140
文書の基本原則……………　142
分担管理原則………………　101
文理解釈………………………90,91
平成の大合併………………　254
辺野古事件…………………　256
弁明書………………　187,222
弁明の機会の付与…………　186
弁明の機会の付与の手続……　187
弁論……………………………　87
法規的解釈……………………　90
法源……………………………　58
報告徴収……………………　200
法人……………27,28,35,37,40,47,
　　　　　　120,122,125
法人番号………………　163,164
法治主義……　60,65,252,253,257
法定外抗告訴訟→無名抗告訴訟
法定受託事務…………42,97,220
法的な対話（法的対話）
……………………………　168,172
法的に争う権利………………　35
「法」とは何か………………　56
法に基づく行政……………　263
法の一般原則……　59,75,78,94,95,
　　　　　　154,200
法の解釈………………………　90
法の強要性……………………　57
法の検認………………………　88
法の自主解釈義務…………　272
法の自主解釈権→自主的な法解釈・
法適用権
法の実効性……………………　57
法の支配（Rule of Law）………　61

法の存在形式…………………　58
法の体系………………………　62
法の体系に配慮する原則（苦情対
応）……………………………　212
法の適用………………………　88
法へのあてはめ………………　88
法律……………………………　64
法律による行政の原理………　60
法律の範囲内…………………　66
法律の優位……………………　60
法律の留保……………………　60
法令データ提供システム……　266
保証契約……………………　234
補助機関……………………　109
本則……………………………　81
本人情報……………………　160

ま行

マイナンバー法→番号法
町→町（ちょう）
まちづくり権…………………30,31
まち・ひと・しごと創生法…　255
窓口………　50,79,116,178,204
窓口での応対………………　205
マニュアル……………75,93,268
マニュアル行政………………　74
未完の分権改革……………　253
未成年………………………　239
民営化………………………　126
民間競争入札………………　128
民間非営利団体……………　124
民事事件………………　50,225
民事執行法…………………　243
民事上の強制徴収……………　243

283

民事訴訟……87,195,196,229,234
民事訴訟法……………… 81,235,243
民事調停………………………… 235
民事調停法……………… 235,243
民事保全法……………………… 243
民衆訴訟………………………… 226
民主主義…………………………… 52
民主性（組織編成）………… 108
民主的統制……………… 108,129
民法……………………… 51,231
民法やその特別法に基づく賠償責
任……………………… 232
無効等確認の訴え…………… 226
無名抗告訴訟（法定外抗告訴訟）
……………………… 227
村……………………………… 36
命令（国の行政機関が定める法令）
……………………………… 69
命令等…………………………… 193
命令等を定める手続（命令等の制
定手続）……………… 182,192
目次（法令の目次）…………… 82

や行

役割分担の原則………………… 67
要綱…………………… 74,189
要綱行政……………… 74,252
要綱による法の確認（要綱の「法」
化）……………………… 95
要保護者……………… 183,198
予算………………… 174,175

ら行

ライフサイクル………………… 139
リコール→解職請求
立法目的…………………………… 92
理由の提示……………… 185,188
臨時的任用職員………………… 258
類推解釈…………………………… 91
例規集…………………… 79,267
連携協約………………………… 119
連署…………………… 82,240
労働委員会……………………… 113
六法…………………… 21,266
六法全書…………………………… 79
論理解釈…………………………… 91

わ行

ワークショップ・フォーラム　173
ワーク・フロー………………… 138

284

■編者紹介

田中　孝男（たなか　たかお）

1963 年生まれ

札幌市職員を経て、現在、九州大学大学院法学研究院准教授

［主な著書］
- 『条例づくりのための政策法務』（第一法規、2010 年）
- 『自治体職員研修の法構造』（公人の友社、2012 年）
- 『住民監査請求制度の危機と課題』（公人の友社、2013 年）
- 『自治体法務の多元的統制』（第一法規、2015 年）

木佐　茂男（きさ　しげお）

1950 年生まれ

北海道大学法学部教授、九州大学主幹教授（法学研究院）を経て
現在、北海道大学名誉教授・九州大学名誉教授・弁護士

［主な著書］
- 『人間の尊厳と司法権』（日本評論社、1990 年）
- 『豊かさを生む地方自治』（日本評論社、1996 年）
- 『国際比較の中の地方自治と法』（日本評論社、2015 年）
- 『司法改革と行政裁判』（日本評論社、2016 年）

【旧・自治体法務入門第3版－2006年－執筆者】
　岩橋浩文（熊本県）、逢坂誠二（衆議院議員）、岡田博史（京都府京都市）、木佐茂男（九州大学）、古賀直喜（福岡県久留米市）、柏原孝充（大阪府池田市）、宿谷繁生（滋賀県大津市）、杉山富昭（兵庫県尼崎市）、提中富和（滋賀県大津市）、田中孝男（九州大学）、田中富恵（熊本県熊本市）、槌谷光義（大阪府豊中市）、名塚　昭（北海道釧路市）、福士　明（札幌大学）、藤島光雄（大阪府岸和田市）、森　幸二（福岡県北九州市）、山口道昭（立正大学）
　（上記執筆者リスト掲載者は、下記第2版から加筆・変更を行った者である。肩書は、第3版発刊当時のもの）

【旧・自治体法務入門第2版－2000年－執筆者】
　井内　祐（北海道札幌市）、石黒匡人（小樽商科大学）、内田和浩（北星学園女子短期大学）、逢坂誠二（北海道ニセコ町）、木佐茂男（九州大学）、小林　博（千葉県佐原市）、椎名喜予（千葉県佐原市）、島田定信（北海道）、白藤博行（専修大学）、鈴木庸夫（千葉大学）、田中孝男（北海道札幌市）、出口裕明（神奈川県）、萩野　聡（富山大学）、福士　明（札幌大学）、松村憲樹（島根県）、山口道昭（神奈川県川崎市）、山根正美（千葉県千葉市）、由喜門眞治（札幌学院大学）
　（肩書は、第2版発刊当時のもの）

【旧・自治体法務入門に挿入していた漫画】
　濱岡則子

新訂　自治体法務入門

2016 年 8 月 25 日　初版発行

編　著　　田中孝男・木佐茂男
発行人　　武内英晴
発行所　　公人の友社
　　　　　〒 112-0002　東京都文京区小石川 5 － 2 6 － 8
　　　　　TEL 0 3 － 3 8 1 1 － 5 7 0 1
　　　　　FAX 0 3 － 3 8 1 1 － 5 7 9 5
　　　　　E メール　info@koujinnotomo.com
　　　　　http://koujinnotomo.com/